ELIANA ALMEIDA e ANINHA ABREU

CADERNO DE ATIVIDADES

LÍNGUA PORTUGUESA • MATEMÁTICA • HISTÓRIA • GEOGRAFIA • CIÊNCIAS

NOME

PROFESSOR

ESCOLA

Editora do Brasil

5º ANO
ENSINO FUNDAMENTAL

Dados Internacionais de Catalogação na Publicação (CIP)
(Câmara Brasileira do Livro, SP, Brasil)

Almeida, Eliana
   Vamos trabalhar : caderno de atividades, 5º ano : língua portuguesa, matemática, história, geografia, ciências / Eliana Almeida e Aninha Abreu. – 1. ed. – São Paulo : Editora do Brasil, 2015.

   Bibliografia.
   ISBN 978-85-10-06064-6 (aluno)
   ISBN 978-85-10-06065-3 (professor)

   1. Ciências (Ensino fundamental) 2. Geografia (Ensino fundamental) 3. História (Ensino fundamental) 4. Língua portuguesa (Ensino fundamental) 5. Matemática (Ensino fundamental) I. Abreu, Aninha. II. Título.

15-07584   CDD-372.19

Índices para catálogo sistemático:
1. Ensino integrado : Livros-texto : Ensino fundamental 372.19

© Editora do Brasil S.A., 2015
Todos os direitos reservados

Direção geral: Vicente Tortamano Avanso
Direção adjunta: Maria Lucia Kerr Cavalcante de Queiroz

Direção editorial: Cibele Mendes Curto Santos
Gerência editorial: Felipe Ramos Poletti
Supervisão editorial: Erika Caldin
Supervisão de arte, editoração e produção digital: Adelaide Carolina Cerutti
Supervisão de direitos autorais: Marilisa Bertolone Mendes
Supervisão de controle de processos editoriais: Marta Dias Portero
Supervisão de revisão: Dora Helena Feres
Consultoria de iconografia: Tempo Composto Col. de Dados Ltda.

Coordenação de edição: Carla Felix Lopes
Assistência editorial: Juliana Pavoni e Monika Kratzer
Auxílio editorial: Natália Santos
Coordenação de revisão: Otacilio Palareti
Copidesque: Giselia Costa, Ricardo Liberal e Sylmara Beletti
Revisão: Alexandra Resende, Ana Carla Ximenes, Elaine Fares e Maria Alice Gonçalves
Coordenação de iconografia: Léo Burgos
Pesquisa iconográfica: Cristiane Morinaga, Renata Burgos Dias e Tamara Queiroz
Coordenação de arte: Maria Aparecida Alves
Assistência de arte: Samira de Souza
Design gráfico: Samira de Souza
Capa: Andrea Melo
Imagem de capa: André Aguiar
Ilustrações: Alberto di Stefano, Alexandre Matos, André Aguiar, Bruna Ishihara, Conexão, DAE (Departamento de Arte e Editoração), Dawidson França, Elder Galvão, Flip Estúdio, Henrique Brum, Hugo Araújo, Luis Moura, Roberto Weigand, Paulo César Pereira, Silvana Rando, Simone Ziasch, Wagner Coelho, Waldomiro Neto
Produção cartográfica: DAE (Departamento de Arte e Editoração), Alessandro Passos da Costa, Sonia Vaz, Studio Caparroz
Coordenação de editoração eletrônica: Abdonildo José de Lima Santos
Editoração eletrônica: Adriana Albano e Sérgio Rocha
Licenciamentos de textos: Cinthya Utiyama, Paula Harue Tozaki e Renata Garbellini
Coordenação de produção CPE: Leila P. Jungstedt
Controle de processos editoriais: Beatriz Villanueva, Bruna Alves, Carlos Nunes e Rafael Machado

O Pequeno Príncipe. Trademark Protected. LPP612Property. LUK Marcas de Valor (www.opequenoprincipe.com). "Le Petit Prince", "O Pequeno Príncipe", os personagens e as principais citações do livro são marcas de Succession de Antoine de Saint-Exupéry, representada no Brasil por LuK Marcas de Valor Ltda. Todos os direitos reservados.

O poema *O gato*, de autoria de Vinicius de Moraes, foi autorizado pela VM EMPREENDIMENTOS ARTÍSTICOS E CULTURAIS LTDA., além de: © VM e © CIA. DAS LETRAS (EDITORA SCHWARCZ).

1ª edição / 11ª impressão, 2023
Impresso na Gráfica Elyon

Rua Conselheiro Nébias, 887
São Paulo, SP – CEP 01203-001
Fone: +55 11 3226-0211
www.editoradobrasil.com.br

APRESENTAÇÃO

Querido aluno,
Este poema foi feito especialmente para você.

Aprender
É bom brincar, correr, pular e sonhar.
Agora chegou a hora de
ler, escrever e contar.
Com o livro *Vamos trabalhar*,
descobertas você fará.
E muito longe chegará.

Língua Portuguesa, Matemática,
História, Geografia e Ciências.
Tudo isso você estudará.
Contas, frases, poemas, histórias e textos.
Muitas coisas para falar, guardar e lembrar.

Um abraço e bom estudo!
As autoras

AS AUTORAS

Eliana Almeida

- Licenciada em Artes Práticas
- Psicopedagoga clínica e institucional
- Especialista em Fonoaudiologia (área de concentração em Linguagem)
- Pós-graduada em Metodologia do Ensino da Língua Portuguesa e Literatura Brasileira
- Psicanalista clínica e terapeuta holística
- Master practitioner em Programação Neurolinguística
- Aplicadora do Programa de Enriquecimento Instrumental do professor Reuven Feuerstein
- Educadora e consultora pedagógica na rede particular de ensino
- Autora de vários livros didáticos

A meus amados pais, Elionário e Maria José; minhas filhas, Juliana e Fabiana; meu filho, Fernando; meus netos, Raiana e Caio Antônio; e meus generosos irmãos, todo o meu amor.

Eliana

Aninha Abreu

- Licenciada em Pedagogia
- Psicopedagoga clínica e institucional
- Especialista em Educação Infantil e Educação Especial
- Gestora de instituições educacionais do Ensino Fundamental e do Ensino Médio
- Educadora e consultora pedagógica na rede particular de ensino
- Autora de vários livros didáticos

Agradeço a Deus e a toda minha família pelo apoio, carinho e compreensão!

Aninha

"O essencial é invisível aos olhos."
(Antoine de Saint-Exupéry)

SUMÁRIO

Língua Portuguesa

Letras e fonemas..7
Número de sílabas..9
Acento agudo e acento circunflexo 11
Sílaba tônica 13
Palavras com X e CH..15
Sinais de pontuação..17
Um pouco mais sobre sílaba tônica 19
Sinônimos e antônimos 21
Palavras homônimas e parônimas 23
Encontros consonantais e dígrafos................25
SOBRE ou SOB..27
Linguagem formal e linguagem informal........29
Substantivos próprios e comuns.....................31
Substantivos coletivos..33
Substantivos simples e compostos,
primitivos e derivados 35
S com som de Z..37
Gênero do substantivo......................................39
Número do substantivo.....................................41
 Revisando substantivos simples
 e compostos...43
Plural dos substantivos compostos................45
Grau do substantivo: diminutivo....................47
Grau do substantivo: aumentativo 49
Adjetivos e locuções adjetivas........................51
Adjetivo pátrio...53
Palavras com EZA e ESA....................................55
Palavras com SC, SÇ e XC.................................57
Grau do adjetivo...59
Uso dos porquês 61
Pronomes pessoais 63
 Revisando os pronomes pessoais.............65
Pronomes de tratamento 67
Palavras com G e J..69
Pronomes: possessivos, demonstrativos
e indefinidos...71
Pronomes relativos...73
ATRÁS, TRÁS e TRAZ..75

Pessoas do discurso...77
TÊM ou TEM; VÊM, VEM ou VEEM...............79
Infinitivo, gerúndio e particípio......................81
Conjugações verbais..83
Tempos verbais 85
Modos verbais...87
Verbos regulares 89
Um pouco mais sobre verbos regulares 91
 Revisando verbos regulares.......................93
 Revisando o gerúndio..................................95
Verbos irregulares 97
Um pouco mais sobre verbos irregulares 99
 Revisando verbos irregulares...................101
O verbo PÔR..103
Verbos auxiliares..105
Um pouco mais sobre verbos auxiliares 107
Palavras com S e Z..109
Um pouco mais sobre linguagem formal
e linguagem informal..111
Advérbios 113
Interjeições..115
Há cerca de, a cerca de e acerca de 117
Preposições 119
Conjunções..121
Algarismos romanos..123
Palavras com L e U no final de sílabas.........125
SE NÃO e SENÃO..127
 Revisando verbos...129
Sujeito e predicado 131
Um pouco mais sobre sujeito
e predicado 133
Revisão final..135

Matemática

- Números naturais 137
- Números ordinais 139
- Sistema de numeração decimal 141
- Um pouco mais de sistema de numeração . 143
- Sistema de numeração romano 145
- Adição de números naturais 147
- Propriedades da adição 149
- Subtração de números naturais 151
- Verificando a adição e a subtração 153
- Multiplicação de números naturais 155
- Propriedades da multiplicação 157
- Divisão de números naturais 159
- Verificando a multiplicação e a divisão 161
- Expressões numéricas envolvendo as quatro operações 163
- Múltiplos de um número 165
- Divisores de um número 167
- Números primos e números compostos 169
- Máximo divisor comum (m.d.c) 171
- Mínimo múltiplo comum (m.m.c) 173
- Frações 175
- Frações de quantidade 177
- Frações equivalentes 179
- Comparação de frações 181
- Adição e subtração de fração 183
- Multiplicação de fração 185
- Divisão de fração 187
- Números e frações decimais 189
- Números decimais: centésimos e milésimos 191
- Adição de números decimais 193
- Subtração de números decimais 195
- Multiplicação com números decimais 197
  - Revisando adição, subtração e multiplicação com números decimais 199
- Divisão de números decimais 201
- Um pouco mais sobre divisão de números decimais 203
- Porcentagem 205
- Gráficos 207
- Medida de tempo 209
- Medida de massa 211
- Medida de comprimento 213
- Medida de capacidade 215
- Geometria 217
  - Ângulos 217
  - Polígonos 219
  - Perímetro 221
  - Área de figuras planas 223
  - Volume 225

História

- O tempo, a história 227
- Brasil: dos nativos aos europeus 229
- Brasil: Império 231
- Brasil: os primeiros anos da República 233
- Brasil: República Oligárquica 235
- Brasil: a Era Vargas 237
- Brasil: Democracia 239
- Brasil: a Ditadura Militar 241
- Brasil: resistência à opressão 243
- Brasil: nova república, nova constituição 245
- Brasil: eleições diretas 247
- Brasil: os seus desafios 249
- Brasil: cidadania 251

Geografia

- O planeta Terra: representações 253
- O planeta Terra: linhas imaginárias 255
- Localização: mapas, legendas e escalas 257
  - Outros elementos que compõem o mapa 258
- Lendo mapas: o Brasil no planisfério 259
  - O território do Brasil no continente sul-americano 260
- As zonas térmicas da Terra 261
  - As zonas térmicas do Brasil 262
- Brasil: divisão política 263
- Brasil: divisão regional 265
- Brasil: relevo 267
- Relevo: rios e litoral 269
- Brasil: temperatura e clima 271
- Brasil: clima e vegetação 273
- Brasil: economia 275
- Brasil: população 277

Ciências

- O ser humano: a evolução da espécie 279
- O corpo humano: composição e organização 281
- Os alimentos 283
- Sistema digestório 285
- Sistema respiratório 287
- Sistema cardiovascular 289
- Sistema urinário 291
- Sistema locomotor 293
  - Sistema esquelético 293
  - Sistema muscular 295
- Sistema genital 297
- Sistema nervoso 299
  - Os sentidos: visão e audição 301
  - Os sentidos: olfato, gustação e tato 303

NOME: _____ DATA: _____

Letras e fonemas

Vamos ler

Primeiro dia de aula

Primeiro dia de aula
é uma baita confusão.
Novo amigo, nova turma,
aquela grande emoção.
No pátio, todos aguardam
o sinal para entrar.
Enquanto isso, a conversa
fica girando no ar:
— Pra que time você torce?
— Onde é que você mora?
— Você joga pingue-pongue?
— Se tem briga eu caio fora.
— Não tenho medo de nada,
nem da minha própria sombra.
— Não me assusta o marmanjão
e nem fantasma me assombra!
— Mas você é tão magrinho...
— Sou magro, mas eu sou forte,
faço judô, capoeira,
e me amarro no esporte.
— Eu gosto é de futebol
chuto bem e tenho sorte.
— Eu aprendi meu inglês
lá na América do Norte.
— Você gosta de História?
Eu prefiro Geografia.
— Passei as férias no Sul,
só que a água é muito fria.
— Eu não gosto de hambúrguer,
prefiro cachorro-quente.
— No Nordeste a água é morna,
fica lotada de gente.
— Aquela é a Matilde?
Nem parece, está gordinha.
— Você gosta de sorvete?
— Eu prefiro batatinha.
— Você está na quarta série?
— Ainda estou na terceira.
— Todo mundo está entrando...
— A minha sala é a primeira!
— Vou correndo pra sentar
lá na última carteira.

Reynaldo Jardim. *Viva o dia!* São Paulo: Melhoramentos, 2001. p. 10-11.

Atividades

1 De acordo com o poema, complete as informações pedidas.

a) Nome do autor: _____

b) Assunto tratado: _____

c) Novidades sobre o primeiro dia de aula:

_____

_____

d) Alguns assuntos tratados nas conversas dos alunos:

_____

_____

2 Responda às questões a seguir de acordo com o poema.

a) Que série o personagem está cursando?

_____

b) Qual é a localização da sala de aula do personagem?

_____

c) Em qual carteira o personagem se senta?

_____

> **Fonema** é a menor unidade sonora da fala.
> **Letra** é a representação gráfica do fonema.

3 As palavras a seguir foram retiradas do poema. Continue a atividade de acordo com os exemplos.

> **primeiro** – 8 letras, 8 fonemas
> **isso** – 4 letras, 3 fonemas

a) aula _____

b) futebol _____

c) amigo _____

d) passei _____

e) minha _____

f) forte _____

g) assusta _____

h) cachorro _____

i) História _____

j) capoeira _____

k) eu _____

l) Nordeste _____

m) aquela _____

n) medo _____

Língua Portuguesa

NOME: _____ DATA: _____

Número de sílabas

Vamos ler

A economia de Maria

Helena e Maria ganharam cofrinhos no Dia das Crianças.

— Economizar e guardar são palavras quase mágicas! — Disse a madrinha das gêmeas. — Tem quem goste de gastar... E tem sempre alguém que economiza. O importante é ter equilíbrio.

"Tem tanta coisa que eu gostaria de comprar! Minha lista é tão comprida que nem cabe na minha cabeça", Helena ficou pensando...

"Não vejo a hora de colocar moedas nele!", Maria imaginou logo uma família de cofres-porquinhos.

Os pais passaram então a dar moedas e alguns trocados para as meninas nos fins de semana.

Num passeio pelo *shopping*, as irmãs viram muitas coisas bacanas: um lápis pisca-pisca, uma almofada de pelúcia no formato de um cachorro, uma caneta-assobio...

— Preciso desse lápis! Você devia comprar a almofada. É linda! — Helena disse à irmã.

— Primeiro quero encher meu porquinho até o focinho. Daí vou pensar se preciso de alguma coisa — Maria respondeu.

— Mamãe diz que gente que não compra nada é mão de porco! — Helena riu da irmã, que não comprou nem uma borracha perfumada.

Depois do lápis, Helena adquiriu uma carteira nova. Pena que rasgou logo. E um batom perfumado... que acabou perdendo em algum lugar. Depois a varinha-mágica-que-sempre-sonhou, mas que quebrou em poucos dias.

[...]

Telma Guimarães Castro Andrade. *A economia de Maria*. São Paulo: Editora do Brasil, 2010. p. 2-6.

As palavras podem ser classificadas de acordo com o número de sílabas. Veja:
- meu – 1 sílaba – **monossílaba**;
- lá-pis – 2 sílabas – **dissílaba**;
- por-qui-nho – 3 sílabas – **trissílaba**;
- per-fu-ma-da – 4 sílabas – **polissílaba**.

Língua Portuguesa

Atividades

1 De acordo com o texto, complete as informações pedidas.

a) Duas palavras monossílabas:

_____
_____

b) Três palavras dissílabas:

_____
_____

c) Três palavras trissílabas:

_____
_____

d) Duas palavras polissílabas:

_____
_____

2 Classifique as palavras de acordo com a legenda.

> **M** – monossílaba **D** – dissílaba **T** – trissílaba **P** – polissílaba

a) ☐ trabalho d) ☐ empréstimo g) ☐ feliz j) ☐ azul

b) ☐ eco e) ☐ responsável h) ☐ coleção k) ☐ dinheiro

c) ☐ diferente f) ☐ trem i) ☐ pão l) ☐ Sol

3 Escreva o nome das figuras e classifique-o de acordo com o número de sílabas.

a) _____

b) _____

c) _____

d) _____

e) _____

f) _____

10 Língua Portuguesa

NOME: _____ DATA: _____

Acento agudo e acento circunflexo

Vamos ler

O cantor das matas

O irapuru é o cantor das florestas amazônicas. É um pássaro que tem um canto tão lindo, tão melodioso que os outros pássaros ficam quietos e silenciosos, só para ouvi-lo. O irapuru tem a cor verde-oliva e a cauda avermelhada. Quando começa a cantar, toda a mata parece emudecer para ouvir seus gorjeios maravilhosos.

Por isso, os sertanejos acham que esse pássaro é um ser sobrenatural. Aliás, *irapuru* que dizer *pássaro que não é pássaro*. Depois de morto, seu corpo é considerado um talismã, que dá felicidade a quem o possui.

A lenda do irapuru é interessante. Dizem que, no Sul do Brasil, havia uma tribo de índios, cujo cacique era amado por duas moças muito bonitas. Não sabendo qual escolher, o jovem cacique prometeu casar-se com aquela que tivesse melhor pontaria. Aceita a prova, as duas índias atiraram as flechas, mas só uma acertou o alvo. Essa casou-se com o chefe da tribo.

A outra, chamada Oribici, chorou tanto que suas lágrimas formaram uma fonte e um córrego. Pediu ela a Tupã que a transformasse num passarinho para poder visitar o cacique, sem ser reconhecida. Tupã fez-lhe a vontade. Mas, verificando que o cacique amava a sua esposa, Oribici resolveu abandonar aqueles lugares. E voou para o Norte do Brasil, indo parar nas matas da Amazônia.

Para consolá-la, Tupã deu-lhe um canto melodioso. Por isso, ela vive a cantar para esquecer suas mágoas. E os outros pássaros, quando encontram o irapuru, ficam calados, para ouvir suas notas maviosas.

Um poeta brasileiro exprimiu sua admiração pelo canto do irapuru nestes versos:

O que mais no fenômeno me espanta
É ainda existir um pássaro no mundo
Que fique a escutar quando outro canta!

Teobaldo Miranda Santos. *Lendas e mitos do Brasil*. 9. ed. São Paulo: Editora Nacional, 1985. p. 13-14.

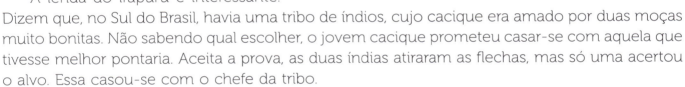

O **acento agudo** (´) indica o som aberto das vogais.
Já o **acento circunflexo** (^) indica o som fechado.

1 Copie da lenda três palavras com acento agudo e três palavras com acento circunflexo.

Acento agudo	Acento circunflexo

2 Acentue as palavras corretamente.

a) cafe
b) tres
c) parabens
d) onibus
e) tenis
f) cipo
g) voce
h) chapeu
i) album
j) ingles
k) guarana
l) passaro
m) vovo
n) taxi
o) lampada
p) camelo
q) timido
r) ambulancia

3 Complete as frases com as palavras do quadro.

> Antônio – abóbora – armário – urgência – Cândida – síndico – baú

a) O nome do meu pai é _____ Carlos Sobrinho Neves.

b) O _____ convocou uma assembleia com _____.

c) Encontrei muitas fotografias no _____ da vovó.

d) _____ guardou a joia no _____.

e) No almoço comi carne seca com _____ e arroz.

4 Construa uma frase usando:
a) duas palavras com acento agudo;

_____
_____

b) uma palavra com acento circunflexo.

_____
_____

12 **Língua Portuguesa**

NOME: _____ DATA: _____

Sílaba tônica

Vamos ler

Nasce Dom Quixote de la Mancha

Numa aldeia da Mancha, província no centro da Espanha, vivia um fidalgo de costumes tradicionais e porte imponente. Sua propriedade, meio decadente, rendia-lhe o suficiente para aparentar certa abastança. Com ele moravam uma empregada que passava dos quarenta anos, uma sobrinha que ainda não chegara aos vinte e um rapazinho que fazia serviços gerais do campo.

Dom Quixada, ou Quesada, ou Quixano – ninguém sabia ao certo seu sobrenome –, era um homem magro e alto, beirando os cinquenta anos. Era madrugador e gostava de caçar. Mas ficou conhecido por um outro motivo: adorava ler!

Possuía uma imensa biblioteca, que o fazia deixar de lado as caçadas e a administração da fazenda. Sua paixão pelos livros causava espanto nos moradores da aldeia, que não tinham o hábito da leitura. Dizia-se que ele era tão fanático por histórias que, mais de uma vez, vendera parte das terras para comprar novos livros.

E o que lia o fidalgo? Apenas novelas da cavalaria. Era um gênero literário ultrapassado, que emocionara multidões de leitores um século antes, mas que na época não fazia mais sentido. Romances inspirados na cavalaria, uma instituição da Idade Média, eram todos parecidos. O herói era sempre um cavaleiro gentil, generoso e valente, que corria o mundo em busca de aventuras e enfrentava dragões, bruxas e gigantes para reparar injustiças. Ele devotava amor ardente a uma mulher linda e cheia de virtudes, a quem adorava de longe e a quem dedicava suas conquistas.

[...]

Miguel de Cervantes. Dom Quixote. In: Marcia Kupstas. *Três fantasias*. São Paulo: Atual, 2010. p. 14-15.

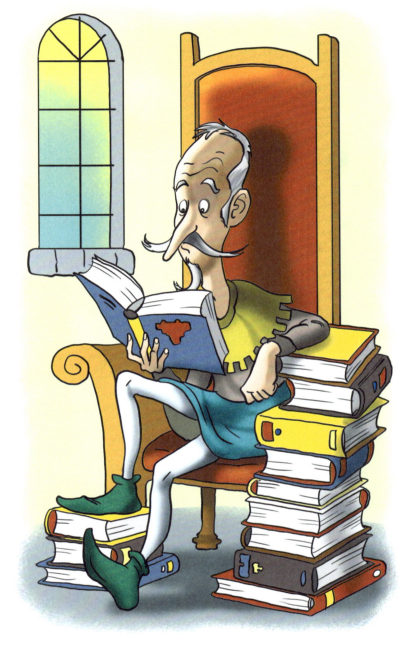

Sílaba tônica é a sílaba pronunciada com mais força na palavra. Ela pode ser classificada assim:
- he-**rói** – última sílaba – oxítona;
- Es-**pa**-nha – penúltima sílaba – paroxítona;
- fa-**ná**-ti-co – antepenúltima sílaba – proparoxítona.

Língua Portuguesa

Atividades

1 Copie do texto:

a) duas palavras proparoxítonas;

b) três palavras paroxítonas;

c) três palavras oxítonas.

2 Sublinhe a sílaba tônica das palavras e classifique-as. Veja o exemplo.

- **a)** flo<u>res</u>ta ———— paroxítona ————
- **b)** relâmpago ————
- **c)** saudade ————
- **d)** fogão ————
- **e)** chocolate ————
- **f)** número ————
- **g)** amor ————
- **h)** também ————
- **i)** mágico ————
- **j)** madeira ————
- **k)** saúde ————
- **l)** chapéu ————
- **m)** sábado ————
- **n)** natureza ————

3 Escreva a sílaba tônica das palavras. Veja o exemplo.

- **a)** pêssego ———— pês ————
- **b)** café ————
- **c)** música ————
- **d)** amigo ————
- **e)** Lua ————
- **f)** jacaré ————
- **g)** casa ————
- **h)** árvore ————
- **i)** libélula ————
- **j)** violão ————
- **k)** garagem ————
- **l)** material ————
- **m)** sabiá ————
- **n)** macaco ————

4 Reescreva as palavras da atividade anterior de acordo com a posição da sílaba tônica.

a) Oxítonas:

b) Paroxítonas:

c) Proparoxítonas:

Língua Portuguesa

NOME: _____ DATA: _____

Palavras com X e CH

Vamos ler

A queixa do pavão

Chateado porque tinha uma voz muito feia, um pavão foi se queixar com a deusa Juno.

— É verdade que você não sabe cantar — disse a deusa. — Mas você é tão lindo, para que se preocupar com isso?

Só que o pavão não queria saber de consolo.

— De que adianta beleza com uma voz destas?

Ouvindo aquilo, Juno se irritou.

— Cada um nasce com uma coisa boa. Você tem beleza, a águia tem força, o rouxinol canta. Você é o único que não está satisfeito. Pare de se queixar. Se recebesse o que está querendo, com certeza ia achar outro motivo para reclamar.

Moral: Em vez de invejar o talento dos outros, aproveite o seu ao máximo.

Fábula de Esopo.

Atividades

1 Copie da fábula as palavras escritas com **x** e as escritas com **ch**.

x	ch

2 Marque um **X** na afirmação correta.

a) ☐ As palavras **queixar** e **achar** têm a mesma grafia.

b) ☐ Na palavra **rouxinol** o **x** tem som de **ch**.

c) ☐ Nas palavras **queixar** e **rouxinol** o **x** tem sons diferentes.

Língua Portuguesa

3 Leia as palavras a seguir e organize-as nas colunas corretas da tabela.

lixo	ameixa	bicho	chinelo
chuva	carrapicho	xarope	enxame
roxo	chuveiro	trouxe	chupeta
cheque	lixa	choque	lagartixa

Palavras com X	Palavras com CH

4 Complete as palavras com **x** ou **ch** e escreva-as.

a) _____inelo   c) mo_____ila   e) chu_____u

b) abaca_____i   d) _____aveiro   f) _____adrez

Língua Portuguesa

NOME: _____ DATA: _____

Sinais de pontuação

Vamos ler

Em busca do Alazão

Existia antigamente um rei que desejava ter um cavalo alazão. Ele despachou seus ministros aos quatro cantos do reino em busca do cavalo, disposto a pagar por ele até mil barras de ouro.

Passados três anos, os ministros retornaram sem o cavalo. O rei ficou muito triste. Nesse momento, um ajudante disse:

— Alteza, eu consigo encontrar um cavalo alazão.

O rei deixou então que o ajudante partisse à procura do cavalo.

Depois de três meses, o ajudante achou um bom cavalo alazão, que tinha morrido. O ajudante pagou quinhentas barras de ouro pela cabeça do animal e a trouxe para o rei.

Ao ver uma cabeça de cavalo morto, o rei ficou furioso:

— Eu queria um cavalo vivo, e não um cavalo morto! O que eu vou fazer com essa cabeça? E ainda por cima, você desperdiçou quinhentas barras em ouro?!

Sem titubear, o ajudante respondeu:

— Se a cabeça de um alazão morto custa quinhentas barras de ouro, imagina quanto vale um cavalo vivo? Agora o mundo inteiro sabe que o senhor, sinceramente, quer ter um alazão e está realmente disposto a pagar um bom preço por ele. Em breve, aparecerá um vendedor com um bom cavalo aqui na corte.

Realmente, em menos de um ano, apareceram três bons cavalos na corte do rei.

Liu Xiang. Em busca do alazão. In: Sérgio Capparelli (Org.). *50 fábulas da China fabulosa*. 4. ed. Porto Alegre: L&PM, 2010. p. 51.

Atividades

1 Copie do texto:

a) uma frase exclamativa;

_____

b) uma frase interrogativa;

_____

c) uma frase que tenha vírgula;

_____

d) uma frase que tenha travessão.

_____

2 Numere a segunda coluna de acordo com a primeira.

1 Indica pausa e separa elementos.

2 Indica pergunta.

3 Indica admiração ou surpresa.

4 Indica falas em diálogos e destaca expressões em frases.

☐ travessão

☐ ponto de exclamação

☐ vírgula

☐ ponto de interrogação

3 Pontue o texto usando **?** , **—** ou **,** . Depois, confira com o professor se você acertou.

Uma coisa que a mãe de Pedro fazia questão era sentar com o filho de manhã e acompanhar a lição. No caso de ele errar algum exercício___ o que era raro___ ela logo o mandava corrigir. Depois___ ela mesma colocava tudo na mochila___ cada coisa em seu lugar certo: primeiro as pastas___ que eram maiores___ depois os livros___ o caderno de casa___ o caderno de desenho___ o estojo com os lápis bem apontados.

Também era nessa hora que sua mãe limpava a mochila com o pano molhado e depois a pendurava num cabide lá no quarto. [...]

Bastava os dois chegarem da escola e já ia ela conferir se tudo estava nos devidos lugares. Depois olhava o caderno de lição de Pedro e repetia satisfeita os comentários que a professora escrevia:

___ "Muito bem! "Parabéns!" "Excelente!".

Dessa maneira___ a mãe de Pedro sentia o seu dever cumprido___ e todos aqueles "muitíssimos bens" eram como se fossem para ela também.

___ Ah! Esse menino é um primor! ___ ela vivia dizendo.

"Primor___! O que será isso___"___ Pedro pensava. "Boa coisa não deve ser."
[...]

Regina Vieira. *A mochila que pensava demais.* 2. ed. São Paulo: Editora do Brasil, 2007. p. 5-6.

4 Copie do texto acima:

a) uma frase com vírgula;

_____

b) uma frase com ponto de interrogação;

_____

c) uma frase com travessão.

_____

NOME: _____ DATA: _____

Um pouco mais sobre sílaba tônica

Vamos ler

O segredo de Taís

Taís está aí?
me pergunta o vento,
pedindo segredo.

Ouvi sua voz só.
Respondi atento.
Mas **ninguém** sabe onde
onde ela se esconde.

Onde está Taís?
insiste o vento.
Pergunte a ela,
vento tagarela.
Mas ninguém sabe onde
onde ela se esconde.

Na casa do conde?
Será?
Quem **saberá**?
Mas no fundo
eu sei de tudo:
Taís se esconde
onde ninguém vê,
onde ninguém lê,
onde ninguém acha,
onde não há janela,
Taís se fecha
e se esconde dentro dela.

Edson Gabriel Garcia. *Poemas, emoções e outras conversas.* São Paulo: Melhoramentos, 1997. p. 34.

Atividades

1 Copie as palavras em destaque no poema e circule a sílaba tônica.

_____

2 Responda às questões a seguir.

a) Qual é a posição da sílaba tônica nas palavras escritas na atividade anterior?

_____

b) Como classificamos as palavras cujas sílabas tônicas estão nessa posição?

_____

Língua Portuguesa

3 Acentue corretamente as palavras a seguir, quando necessário, e, depois, organize-as nas colunas corretas da tabela.

nariz	caju	parabéns	atum
café	bombom	funil	cajá
anzol	amor	xampu	guaraná
português	acarajé	inglês	vovô

Palavras oxítonas acentuadas	Palavras oxítonas não acentuadas

4 Forme frases utilizando palavras da atividade anterior.

a) Palavras oxítonas acentuadas.

b) Palavras oxítonas não acentuadas.

Sinônimos e antônimos

Vamos ler

João-de-barro

Alguns bichos têm casas
muito interessantes.
Formigas, abelhas
podem dar ao homem
lições de arquitetura.

E com que finura
a aranha tece sua teia,
o marimbondo constrói sua casa,
o bicho-da-seda o seu casulo.

Mas sou apaixonada mesmo
é pela casa redonda
do João-de-barro.

Talvez porque sempre
quisesse morar em árvore,
morar assim pendurada.

Lá dentro da casa,
o João-de-barro e sua namorada
fazem planos para o futuro.

Daqui de fora eu escuto:
ti ti ti ti ti ti ti ti

Roseana Murray. *Casas*. 9. ed. São Paulo: Formato Editorial, 2009. p. 22.

Sinônimos são palavras que têm significado semelhante.
Antônimos são palavras que têm significado contrário, oposto.

Atividades

1 No poema há duas palavras que são antônimas uma da outra. Circule-as e copie a seguir os versos em que elas aparecem.

Língua Portuguesa 21

2 Leia as palavras a seguir, encontre os pares de sinônimos ou antônimos e organize-os nas colunas corretas da tabela. Veja os exemplos.

~~gentil~~	triste	molhado	~~dia~~
seco	lindo	perto	calmo
próximo	morar	vazio	muito
alegre	entrar	~~delicado~~	bonito
tranquilo	~~noite~~	sair	residir
cheio	rico	bastante	pobre

Sinônimos	Antônimos
gentil – delicado	noite – dia

3 Escreva os antônimos das palavras a seguir.

a) longe _____

b) bem _____

c) começo _____

d) verdade _____

e) cedo _____

f) rico _____

g) sujo _____

h) cheio _____

i) claro _____

j) largo _____

4 Ligue os sinônimos.

a) enorme ●   ● imenso

b) sumir ●   ● repousar

c) lento ●   ● longe

d) descansar ●   ● desaparecer

e) distante ●   ● vagaroso

22 Língua Portuguesa

NOME: _____ DATA: _____

Palavras homônimas e parônimas

Vamos ler

Inutilidades

Ninguém coça as costas da cadeira.
Ninguém chupa a manga da camisa.
O piano jamais abana a cauda.
Tem asa, porém não voa, a xícara.

De que serve o pé da mesa se não anda?
E a boca da calça se não fala nunca?
Nem sempre o botão está na sua casa.
O dente de alho não morde coisa alguma.

Ah! Se trotassem os cavalos do motor...
Ah! Se fosse de circo o macaco do carro...
Então a menina dos olhos comeria
até bolo esportivo e bala de revólver.

José Paulo Paes. *É isso ali: poemas adulto-infanto-juvenis*. 3. ed. São Paulo: Salamandra, 2005. p. 31.

Homônimas – são palavras que têm a mesma pronúncia (algumas vezes, a mesma grafia), mas significados diferentes. Exemplo: acento (sinal gráfico) e assento (local onde se senta).
Parônimas – são palavras que são muito parecidas na pronúncia e na escrita, mas têm significados diferentes. Exemplo: aprender (tomar conhecimento) e apreender (capturar, assimilar).

Atividades

1 As palavras a seguir foram retiradas do poema. Escreva palavras homônimas a elas dizendo o que significam. Veja o exemplo.

a) manga (da camisa) – manga (fruta)

b) botão (da camisa) – _____

c) macaco (de carro) – _____

d) asa (alça) – _____

e) dente (de alho) – _____

f) cauda (rabo) – _____

Língua Portuguesa 23

2 Forme novas frases com o homônimo das palavras destacadas. Veja o exemplo.

> A **pia** da cozinha é de granito.
> O pinto **pia**.

a) O **canto** do quarto está sujo.

_____

b) Meu **amo** chegou atrasado.

_____

c) Eu **rio** muito no circo.

_____

d) A **planta** do edifício ficou pronta.

_____

3 Complete as frases corretamente utilizando uma das palavras parônimas indicadas.

a) Roberto é muito gentil. É um verdadeiro _____. (cavaleiro/cavalheiro)

b) Eu já sei o _____ da cortina que vou fazer. (comprimento/cumprimento)

c) Correram tanto que começaram a _____. (soar/suar)

d) Hoje é dia de _____ na escola de Mateus. (recreação/recriação)

e) O _____ do prefeito termina no final do ano. (mandado/mandato)

4 Com a ajuda de um dicionário, procure outro sentido para as palavras homônimas a seguir.

a) Vela: rolo de cera com pavio.
   Vela: _____

b) Cabo: porção de terra que avança pelo mar com pouca elevação.
   Cabo: _____

c) Renda: tecido fino e transparente de fios em teia.
   Renda: _____

d) Dado: oferecido gratuitamente.
   Dado: _____

e) Banco: assento com ou sem encosto.
   Banco: _____

Língua Portuguesa

NOME: _____ DATA: _____

Encontros consonantais e dígrafos

Vamos ler

Cordelizando o centenário do rei

Deus Pai da inspiração
Humilde vou implorar
Que ilumine os versos
Que aqui quero deixar
Prestar uma homenagem
A um ilustre personagem
Da Cultura Popular.

Que cantava com a alma
Nas asas do seu baião
A todos ele tocava
Ao tocar o acordeão
Vou narrar então a saga
Do nosso Luiz Gonzaga
Homem-Lua do Sertão.

Na cidade de Exu
Pernambuco interior
Dia doze de dezembro
Sua certidão datou
Registrando um cidadão
Que seria pra nação
Um artista de valor.

Mil novecentos e doze
O ano do nascimento
Pra cultura nordestina
Grande acontecimento
O Nordeste ganhou voz
Pois nascia um porta-voz
De suas dores, seus lamentos.

Sua música traduzia
Cenas de um mundo real
Falava das alegrias
Mostrava seu lado mau
Das desilusões do amor
Da paixão e seu sabor
Compositor sem igual.

Luiz Gonzaga é o rei
Que o Baião consagrou
Com canções que marcariam
Sua carreira é de valor
"O cheiro da Carolina"
E o "Xote das Meninas"
"Olha pro céu, meu amor".

"A Morte do Vaqueiro"
"A Feira de Caruaru"
"Forró de Fi a Pavi"
"Sanfoneiro Zé Tatu"
"O Calango da Lacraia"
E o "Cigarro de Paia"
Sucessos de norte e Sul!

"Asa Branca" o sucesso
Que a carreira alavancou
No "Riacho do Navio"
Disse "Amanhã Eu Vou"
Mas "Respeita Januário"
Um Pai extraordinário.
Que a seu filho muito amou.

Sueli Valeriano. *Cordelizando o centenário do rei*. p. 1 e 4.
E-mail: suelivaleriano.poesia@gmail.com. *Blog*: suelivaleriano.blogspot.com.

Atividades

1 Copie do cordel dez palavras com encontros consonantais.

_____
_____

2 Copie do cordel as palavras com dígrafos **ch**, **lh**, **nh**, **qu**, **gu**, **ss**, **rr**, **sc** e **xc**.

_____
_____

3 Classifique as palavras de acordo com a legenda.

EC – encontro consonantal   **D** – dígrafo

- ☐ águia
- ☐ dragão
- ☐ globo
- ☐ piscina
- ☐ réptil
- ☐ palhaço
- ☐ crediário

- ☐ carro
- ☐ psicólogo
- ☐ trombeta
- ☐ quiabo
- ☐ vidraça
- ☐ flor
- ☐ cresça

- ☐ placa
- ☐ cegonha
- ☐ braço
- ☐ cheque
- ☐ atleta
- ☐ passagem
- ☐ objeto

> Há dois tipos de encontros consonantais: os **inseparáveis** ou perfeitos (quando ocorrem na mesma sílaba) e os **separáveis** ou imperfeitos (quando correm em sílabas diferentes).

4 Separe as sílabas das palavras e classifique o encontro consonantal em separável ou inseparável.

a) _____

b) _____

c) _____

Língua Portuguesa

SOBRE ou SOB

Vamos ler

A bicicleta

B-I-C-I-C-L-E-T-A
Sou sua amiga bicicleta.

Sou eu que te levo pelos parques a correr,
Te ajudo a crescer e em duas rodas deslizar.
Em cima de mim o mundo fica à sua mercê
Você roda em mim e o mundo embaixo de você.
Corpo ao vento, pensamento solto pelo ar,
Pra isso acontecer basta você me pedalar.

B-I-C-I-C-L-E-T-A
Sou sua amiga bicicleta.

Sou eu que te faço companhia por aí,
Entre ruas, avenidas, na beira do mar.
Eu vou com você comprar e te ajudo a curtir
Picolés, chicletes, figurinhas e gibis.
Rodo a roda e o tempo roda e é hora de voltar,
Pra isso acontecer basta você me pedalar.

B-I-C-I-C-L-E-T-A
Sou sua amiga bicicleta.

Faz bem pouco tempo entrei na moda pra valer,
Os executivos me procuram sem parar.
Todo mundo vive preocupado em emagrecer,
Até mesmo teus pais resolveram me adotar.
Muita gente ultimamente vem me pedalar
Mas de um jeito estranho que eu não saio do lugar.

B-I-C-I-C-L-E-T-A
Sou sua amiga bicicleta.

Toquinho e Mutinho. CD *Casa de brinquedos*. Universal, 1983. Faixa 2.

Veja a diferença entre o significado das palavras:
sobre = em cima   **sob** = embaixo

Atividades

1 O verso a seguir foi retirado da música. Reescreva-o substituindo a palavra em destaque de acordo com a legenda.

sobre = em cima   sob = embaixo

"Você roda em mim e o mundo **embaixo** de você."

_____

2 Nas frases a seguir, substitua **em cima** ou **embaixo** por **sobre** ou **sob**.

a) A panela estava em cima do fogão.
   A panela estava _____ o fogão.

b) O chinelo ficou embaixo do sofá.
   O chinelo ficou _____ o sofá.

c) Os pássaros estão embaixo da árvore.
   Os pássaros estão _____ a árvore.

d) Os talheres estão em cima da mesa.
   Os talheres estão _____ a mesa.

3 Observe a cena e complete as frases com **sobre** ou **sob**.

a) A crianças brincam _____ o Sol.

b) O lanche está _____ a toalha.

c) A bola está _____ o banco.

d) Os meninos estão _____ os *skates*.

Língua Portuguesa

NOME: _____ DATA: _____

Linguagem formal e linguagem informal

Vamos ler

Hora da brincadeira

A língua que falamos é engraçada.
Pra perceber, fique de antena ligada.

Não se pode levar tudo ao pé da letra,
senão acaba dando a maior treta.

Abacaxi é coisa difícil de fazer.
Dar bolo em alguém é não aparecer.

Pauleira é correria; bate-boca é discussão.
Ir a festa sem ser convidado é bicão.

Cair como patinho é ser enganado,
sujeito careta é um cara antiquado.

Fazer tricô é o mesmo que fofoca,
uma situação complicada é broca.

Fazer sucesso é abafar, arrepiar;
ir para o beleléu é fracassar.

Chutar é afirmar sem ter certeza,
viver à sombra é querer moleza.

Banho é derrota, cabeça é cuca,
pessoa sem um parafuso é maluca.

Preguiçoso é quem fica na maciota,
mentir é o mesmo que contar lorota.

Aproveitar é tirar uma casquinha.
Arrecadar grana com amigos é vaquinha.

Neca é nada, na bucha é no ato,
dar uma de bobo é pagar o pato.

Coisa sem valor é coisa mixuruca,
Desejar mal a alguém é uruca.

Xarope é uma pessoa bem chata,
chupim é quem vive na mamata.

Desaparecer é tomar chá de sumiço,
estar fora é não assumir compromisso.

Velho é pai, coisa pode ser treco,
confusão é sempre perereco.

Colega duro de aturar é mala,
cabular é faltar na aula.

Estudar a nossa língua é maneiro.
Brincar com palavras é recreio.

© by João Anzanello Carrascoza.

Língua Portuguesa 29

Atividades

1 Copie do poema uma frase com:

a) linguagem informal;

_____

b) linguagem formal.

_____

2 Numere as frases de acordo com a legenda.

1 linguagem formal   **2** linguagem informal

☐ E aí, beleza?   ☐ Até breve!

☐ Desculpe-me!   ☐ Tô fora.

☐ Tá ligado?   ☐ Com licença!

3 Ligue as gírias às expressões em linguagem formal que têm o mesmo significado.

a) Pessoa careta. ●   ● Você tem dinheiro?

b) O buzão chegô. ●   ● A comida chegou!

c) Cê tem grana? ●   ● Vamos conversar?

d) Tá legal. ●   ● Pessoa conservadora.

e) O rango chegou! ●   ● Está legal.

f) Vamo dá um plá? ●   ● O ônibus chegou.

4 Escreva um pequeno texto utilizando a linguagem informal do dia a dia.

_____
_____
_____
_____
_____
_____
_____
_____

Língua Portuguesa

Substantivos próprios e comuns

Vamos ler

Luísa contou a Felipe que: Ana caiu, cortou a perna e levou dois pontos.
Felipe contou a Mariana que: Ana caiu, cortou a perna, o braço e levou três pontos.
[...]
Na manhã seguinte, não havia outro assunto na escola. Cada um se mostrava ser o maior conhecedor do estado de saúde de Ana.
A professora quase não conseguiu pôr ordem na classe e quis saber o que estava acontecendo.
Nicole contou à professora que: Ana caiu, cortou a perna, o braço, a cabeça; quebrou a costela e estava nas últimas no hospital.
Para a surpresa de todos, entra Ana pedindo desculpas pelo atraso. Na perna trazia um pequeno curativo e no braço um arranhão.
– O que houve com você Ana? – Perguntou a professora.
– Nada de grave professora, apenas um tombo da gangorra.
– Que bom vê-la com saúde. – Disse a professora olhando para toda a classe.
Os olhares dos colegas se cruzavam desconcertados.
A professora pediu-lhes que arrumassem as carteiras de modo a formar um grande círculo.
– Hoje a aula será diferente, vamos brincar de aprender a ouvir e falar.

Regina Rennó. *Dona fofoca*. São Paulo: Editora do Brasil, 2006. p. 3, 4, 11-13.

> O **substantivo próprio** dá nome a seres e coisas de forma particular.
> O **substantivo comum** dá nome a seres e coisas da mesma espécie.

Atividades

1. Copie do poema os substantivos próprios.

2 Encontre no diagrama dez substantivos comuns e escreva-os ao lado. Veja o exemplo.

T	M	Q	R	M	E	S	A	Y	K	H	I
C	A	D	Z	D	C	E	F	M	H	R	J
B	R	A	S	A	Y	V	U	L	C	Ã	O
O	S	E	H	J	L	A	M	U	A	V	X
R	Q	H	P	Z	K	S	I	N	S	B	A
F	O	G	Ã	O	T	S	C	D	A	S	V
O	Z	B	O	S	U	O	J	T	R	M	O
G	B	X	N	V	R	U	H	I	J	Q	D
O	K	B	P	E	D	R	A	Y	Z	T	V
C	W	S	F	N	P	A	N	E	L	A	R
P	R	A	T	O	V	X	Z	T	V	C	G

brasa

_____

3 Classifique os substantivos de acordo com a legenda.

P – substantivo próprio   **C** – substantivo comum

a) ☐ Pará
b) ☐ fazenda
c) ☐ borracha
d) ☐ Júpiter

e) ☐ janeiro
f) ☐ carro
g) ☐ São Paulo
h) ☐ foguete

i) ☐ Totó
j) ☐ água
k) ☐ Acre
l) ☐ bicicleta

4 Escreva um substantivo próprio para cada indicação a seguir.

a) Nome de um estado.
_____

b) Nome de um time de futebol.
_____

c) Nome de um cantor.
_____

d) Nome de uma escola.
_____

e) Nome de um cachorro.
_____

Língua Portuguesa

Substantivos coletivos

Vamos ler

O **substantivo coletivo** é usado para denominar um conjunto ou uma coleção de seres da mesma espécie.

Atividades

1 Copie da fala dos personagens dois substantivos coletivos.

_____

2 Numere a segunda coluna de acordo com a primeira.

1	turma		de porcos
2	vara		de animais de uma região
3	batalhão		de camelos
4	tribos		de pessoas
5	pilha		de filhotes
6	time		de alunos
7	cáfila		de índios
8	ninhada		de soldados
9	fauna		de pratos, tijolos
10	multidão		de jogadores

Língua Portuguesa

3 Escreva os substantivos que correspondem aos coletivos a seguir.

a) alcateia _____
b) fornada _____
c) cacho _____
d) biblioteca _____
e) matilha _____
f) rebanho _____
g) galeria _____
h) banda _____
i) constelação _____
j) cardume _____
k) tropa _____
l) revoada _____

4 Complete as frases com os coletivos do quadro.

> atlas – ramalhete – boiada – nuvem – frota – elenco

a) Hoje vamos conhecer o _____ da novela.
b) A empresa em que trabalho comprou uma _____ de carros novos.
c) Ganhei um _____ de flores.
d) A _____ foi vendida no leilão pecuário.
e) Comprei um _____ para estudar Geografia.
f) Fomos atacados por uma _____ de insetos.

5 Com a ajuda de um dicionário, escreva o significado dos coletivos a seguir.

a) Baixela: _____
b) Povo: _____
c) Repertório: _____
d) Discoteca: _____
e) Milhar: _____
f) Caravana: _____
g) Grosa: _____
h) Récua: _____
i) Arquipélago: _____
j) Auditório: _____
k) Tripulação: _____
l) Vinhedo: _____
m) Álbum: _____
n) Seringal: _____
o) Flora: _____
p) Acervo: _____
q) Réstia: _____
r) Junta: _____

NOME: _____ DATA: _____

Substantivos simples e compostos, primitivos e derivados

Vamos ler

O canário maravilhoso

Bafa era uma menina mal-educada. Passava o tempo brigando com os colegas e se recusava terminantemente a trabalhar. Além disso, não podia ver um objeto e não o tocar.

Seus pais a castigavam com frequência, mas de nada adiantava: isso não a tornava melhor.

Um dia, na feira, Bafa viu canarinhos brancos. Pegou um na palma da mão e perguntou ao vendedor que estava ali perto:

— Quanto custa este canário?

— Não sei – o homem respondeu. – Mas, de qualquer modo, ele não está à venda!

Sem prestar atenção a essas palavras, Bafa jogou no chão vinte moedas e foi embora, levando o canário. "Quando o vendedor voltar, vai encontrar o dinheiro no lugar do canário", falou pra si mesma.

Ora, esses canarinhos brancos eram, na verdade, garças-reais, que nos dias de feira se transformavam para viver um pouco no meio dos homens.

Antes de Bafa chegar em casa, o canário se tornou garça-real novamente. Agarrou a menina e voou com ela até o topo de uma grande árvore. Depois, colocou Bafa num galho grosso, retomou seu voo e desapareceu.

A menina se pôs a gritar, suplicando aos transeuntes que avisassem seus pais.

Logo seus pais a acudiram, levando com eles seu cachorro preto, que subiu na árvore e desceu com Bafa.

A menina aprendeu a lição, pois corrigiu sua indisciplina. E, como sinal de reconhecimento, toda vez que comia cuscuz, não se esquecia de dar o primeiro e o último bocado para o grande cachorro preto que a livrara daquela situação difícil.

Claude Blum. *O homem frondoso e outras histórias da África*. São Paulo: Companhia das Letrinhas, 2011. p. 34.

> Os **substantivos simples** são formados por uma única palavra.
> Já os **substantivos compostos** são formados por mais de uma palavra, que podem ser ligadas por hífen ou escritas juntas.
> Os **substantivos primitivos** não resultam de outras palavras.
> Já os **substantivos derivados** são originados de outra palavra.

Atividades

1 Copie do texto um substantivo para cada indicação a seguir.

a) Simples: _____.

b) Composto: _____.

c) Primitivo: _____.

d) Derivado: _____.

2 Escreva dois substantivos derivados de cada substantivo primitivo a seguir.

a) sorvete _____ / _____

b) pesca _____ / _____

c) livro _____ / _____

d) fogo _____ / _____

3 Classifique os substantivos em simples ou compostos.

a) micro-ondas _____
b) caminhão _____
c) boliche _____
d) contraindicação _____
e) chuva _____
f) comida _____
g) bem-te-vi _____

h) touro _____
i) couve-flor _____
j) pontapé _____
k) maçã _____
l) girassol _____
m) caneta _____
n) teatro _____

4 Escreva os substantivos primitivos que originaram os substantivos derivados a seguir. Veja o exemplo.

alegria – alegre

a) feiticeira _____
b) esportista _____
c) sapateiro _____
d) cajueiro _____
e) riqueza _____
f) cafezal _____
g) beleza _____

Língua Portuguesa

NOME: _____ DATA: _____

S com som de Z

Vamos ler

EU CONHECIA ALGUMA COISA SOBRE OS MANGÁS, TINHA ALGUNS DESSES QUADRINHOS JAPONESES NA MINHA CASA.

SABIA, POR EXEMPLO, QUE OS MANGÁS NÃO ERAM RECENTES, APESAR DA SUA IMENSA POPULARIDADE A PARTIR DO SÉCULO 20.

PELO CONTRÁRIO, ELES TIVERAM SUA ORIGEM LÁ POR VOLTA DO SÉCULO 8, QUANDO AS HISTÓRIAS COMEÇARAM A SER CONTADAS ATRAVÉS DE TEXTOS E DESENHOS.

NÓS É QUE OS CONHECEMOS HÁ POUCO TEMPO, SE FOR VER. VIROU FEBRE ENTRE OS OCIDENTAIS.

Tânia Alexandre Martinelli. *Louco por HQs*. São Paulo: Editora do Brasil, 2011. p. 25.

Quando a letra **s** aparece sozinha entre vogais, ela tem som de **z**.

Atividades

1. Copie do texto as palavras escritas com a letra **s** com som de **z**.

_____

Língua Portuguesa

2 Complete as palavras com **s** ou **z** e escreva-as.

a) me___a _____

b) fanta___ia _____

c) co___inha _____

d) de___ena _____

e) ga___olina _____

f) fa___enda _____

g) parafu___o _____

h) a___ul _____

i) Bra___il _____

j) cami___a _____

k) ca___amento _____

l) a___eite _____

3 Observe as imagens e complete o diagrama de palavras com o nome delas.

4 Pinte de **azul** os quadros com palavras escritas com **s** e de **laranja** os quadros com palavras escritas com **z**.

museu	granizo	moleza	camisa	invasão
asilo	gaze	pureza	riso	presídio
caso	dezoito	certeza	azar	casulo

Língua Portuguesa

NOME: _____ DATA: _____

Gênero do substantivo

Vamos ler

O elefante e o borrachudo

Na velhice, o **Elefante** se tornou uma criatura sábia e boa. Uma noite ele e o Borrachudo ficaram na rua até tarde e perderam a hora.

"Minha nossa!", exclamou o Velho Elefante quando viu que horas eram. "Eu devia estar em casa há uma hora! Acho melhor telefonar."

"Não se preocupe!", disse o Borrachudo. "Dona **Elefanta** já está dormindo. Se você ligar, vai acordá-la."

Então o Velho Elefante não ligou.

Quando ele chegou em casa, Dona Elefanta estava uma fera. E ela nunca mais se esqueceu.

Moral: Não se esqueça da outra moral sobre os insetos, e sempre, sempre, sempre telefone para casa.

Jon Scieszka. *Sapos não andam de skate: novas fábulas com novas morais.* São Paulo: Companhia das Letrinhas, 2001. p. 38.

Os substantivos são classificados em dois gêneros: **masculino** e **feminino**.
Antes dos substantivos masculinos, usamos: **o, os, um** ou **uns**.
Antes dos substantivos femininos, usamos: **a, as, uma** ou **umas**.

Atividades

1 Copie da fábula o substantivo masculino e o feminino em destaque.

_____

2 Classifique os substantivos a seguir em masculino ou feminino.

a) armário _____

b) patrão _____

c) madrinha _____

d) computador _____

e) bailarina _____

f) Lua _____

g) camaleão _____

h) noite _____

i) ator _____

j) médica _____

Língua Portuguesa

3 Escreva um artigo antes dos substantivos a seguir. Use os artigos do quadro.

> o – os – a – as – um – uns – uma – uma

a) _____ avião

b) _____ argolas

c) _____ pássaro

d) _____ canetas

e) _____ outono

f) _____ viagem

g) _____ caminhões

h) _____ fazendas

i) _____ rei

j) _____ professora

k) _____ mochila

l) _____ dias

4 Organize os substantivos na tabela a seguir de acordo com a classificação de cada um.

juíza   macho   égua   leoa
cadela   campeã   juiz   cavalo
leão   fêmea   campeão cão

Substantivo masculino	Substantivo feminino

5 Reescreva as frases mudando o gênero das palavras em destaque.

a) **O leão** é um animal muito feroz.

_____

b) **Meu tio** foi **o campeão** do jogo de xadrez.

_____

c) Recebemos a visita de **uma viscondessa**.

_____

d) Temos alguns animais na fazenda: **cavalos**, **porcos**, **bodes** e **touros**.

_____

e) **Meu irmão** é cinco anos mais **novo** do que eu.

_____

f) Vovó preparou **uma leitoa** à pururuca e **uma galinha assada** para o almoço.

_____

Língua Portuguesa

NOME: _____ DATA: _____

Número do substantivo

Vamos ler

Os dedos do artista

Dos dedos do artista
Saem pássaros, peixes,
Casas, montes, cata-ventos
E também um burrinho
Feito de papel crepom.

Dos dedos do artista
Saem colinas, montanhas
E nuvens de algodão
E também um sol laranja
Brilhando no laranjal.

E quando fica tudo pronto
E o sol já vai se pondo,
Sai também um menino espevitado
Que agarra pássaros, peixes,
Casas, montanhas, laranjal,
E voa com um chapéu de nuvens.

Só fica o burrinho,
Com os olhos de papel crepom,
Zurrando, zurrando, zurrando,
Tão triste que dá dó.

Sérgio Capparelli. *Tigres no quintal*. 4. ed. São Paulo: Global, 2008. p. 106.

Os substantivos podem ser classificados quanto ao número. Observe:
- dedo – representa um elemento – **substantivo singular**;
- dedos – representa mais de um elemento – **substantivo plural**.

Atividades

1. Copie do poema os substantivos que estão no plural.

_____

_____

Língua Portuguesa 41

2 Passe os substantivos a seguir para o singular e escreva-os nos lugares corretos da tabela.

faróis	aventais	bombons	juízes
camarões	túneis	roupas	pardais
homens	flores	papéis	árvores
barris	pernis	mães	caracóis

Substantivos terminados em:			
al	el	il	ol
ão/ãe	m	z/r	a/e

3 Passe para o plural os substantivos a seguir.

a) carretel _____

b) fuzil _____

c) pão _____

d) museu _____

e) hospital _____

f) quintal _____

g) voz _____

h) maçã _____

i) álbum _____

j) cruz _____

4 Passe para o plural as frases a seguir.

a) O ônibus chegou ao terminal urbano.

b) O homem limpou o canil municipal.

c) Aquele rapaz alto e magro é espanhol.

d) Ela comprou o material escolar.

e) O avião já pousou na pista do aeroporto.

f) Aquela aluna tirou nota máxima na prova.

Língua Portuguesa

Revisando substantivos simples e compostos

Vamos ler

A chegada

Ao chegar em Teresópolis, Leco ficou deslumbrado. A casa de seu colega Roberto era um verdadeiro palácio.

Havia coisas que ele nem sabia que existiam. Convidados, ao redor de uma enorme piscina, bebericavam uns líquidos coloridos, gente pulava do trampolim. Outros, na água, estavam deitados em alguns colchonetes azuis infláveis, aproveitando todo sol a que tinham direito. A varanda não tinha mais tamanho, e um garçom, vestido com um uniforme que parecia inventado por Joãozinho Trinta, ia servindo uns troços que Leco desconhecia. Salgados, salmão, caviar.

Ao descer do carro, Leco quis pegar sua maleta, mas cadê que o empregado deixava?

– Vou lhe mostrar o SEU quarto – disse solene. – Quer fazer o favor de me acompanhar?

Claro que podia! Nem era favor algum! Leco não queria dar trabalho. Quando chegou ao quarto, quase teve um treco. Era maior que sua casa toda. Uma cama enorme em que cabia toda a sua família! Uma poltrona imensa e um armário gigante. O que seria aquele outro quarto? Não era quarto, descobriu depois. Era banheiro! Toalhas imaculadas, sabonetes coloridos, perfumes, tudo! A janela dava para um jardim florido e logo apareceram uns beija-flores, equilibrados no impossível, brincando de helicópteros. Pode?

[...]

Pedro Bloch. *Samba no pé*. São Paulo: Editora do Brasil: 1999. p. 8.

Atividades

1 Copie do texto um substantivo simples e um substantivo composto.

2 Classifique os substantivos em simples e compostos.

a) gente _____

b) vice-presidente _____

c) trabalho _____

d) couve-flor _____

e) poltrona _____

f) salmão _____

g) pré-história _____

h) bem-te-vi _____

i) quarto _____

j) gigante _____

3 Você aprendeu que alguns substantivos compostos são separados por hífen e outros não. Organize os substantivos compostos a seguir na coluna correta do quadro.

guarda-chuva   girassol   passatempo
super-homem   pica-pau   ultrassonografia
autorretrato   antissocial   arco-íris

Substantivos compostos com hífen	Substantivos compostos sem hífen

4 Junte as palavras e forme substantivos compostos sem hífen. Veja o exemplo.

a) plano + alto = planalto

b) passa + tempo = _____

c) mal + me + quer = _____

d) tele + visão = _____

e) guarda + napo = _____

f) ponta + pé = _____

g) para + quedas = _____

5 Escolha dois dos substantivos compostos da atividade anterior e elabore uma frase com cada um.

a) _____

b) _____

44 Língua Portuguesa

NOME: _____ DATA: _____

Plural dos substantivos compostos

Vamos ler

Canção da rua Casemiro de Abreu
Outros bairros têm palmeiras,
Bem-te-vis e sabiás,
Mas o Bom Fim estende tapetes
De flores de jacarandás.

Não quero ir para longe
E ficar triste, a cismar,
Pertinho dos gaturanos,
Distante dos jacarandás.

E se existe tantas pessoas
Cismando com sabiá,
Não permita, Deus, que morram,
Sem que venham para cá.

Entre flores de setembro
Caindo dos jacarandás.

Sérgio Capparelli. *111 poemas para crianças*. 18. ed. Porto Alegre: L&PM, 2012. p. 59.

Atividades

1 Sublinhe no poema e escreva a seguir:

a) três substantivos simples no plural;

_____

b) um substantivo composto no plural.

_____

Língua Portuguesa

2 Passe para o plural os substantivos a seguir. Observe as indicações e siga os exemplos.

■ Quando a palavra é composta de dois substantivos, ambos vão para o plural.

a) peixe-boi – peixes-bois

b) couve-flor – _____

c) mestre-sala – _____

d) cirurgião-dentista – _____

■ Quando a palavra é composta por um substantivo e um adjetivo, ambos vão para o plural.

a) guarda-civil – guardas-civis

b) erva-doce – _____

c) amor-perfeito – _____

d) arroz-doce – _____

■ Quando o substantivo composto apresenta palavras repetidas ou imitativas, somente o segundo elemento vai para o plural.

a) tico-tico – tico-ticos

b) quebra-quebra – _____

c) pisca-pisca – _____

d) tique-taque – _____

■ Quando a palavra é composta de um verbo e um substantivo, somente o segundo elemento vai para o plural.

a) guarda-roupa – guarda-roupas

b) guarda-chuva – _____

c) beija-flor – _____

d) pica-pau – _____

3 Forme frases com cada substantivo composto a seguir.

a) pisca-piscas

_____
_____

b) guarda-chuvas

_____
_____

c) guardas-florestais

_____
_____

Língua Portuguesa

Grau do substantivo: diminutivo

Vamos ler

O Menino e o Tuim

João-de-barro é um bicho bobo que ninguém pega, embora goste de viver perto da gente; mas de dentro daquela casa de joão-de-barro vinha uma espécie de choro, um chorinho fazendo tuim, tuim, tuim...

A casa estava num galho alto, mas um menino subiu até perto; depois, com uma vara de bambu, conseguiu tirar a casa sem quebrar, e veio baixando até o outro menino apanhar.

Dentro, naquele quartinho que fica bem escondido depois do corredor de entrada para o vento não incomodar, havia três filhotes, não de joão-de-barro, mas de tuim.

Você conhece, não? De todos esses periquitinhos que têm no Brasil, tuim é capaz de ser o menor. Tem bico redondo e rabo curto e é todo verde, mas o macho tem umas penas azuis para enfeitar. Três filhotes, cada um mais feio que o outro, ainda sem penas, os três chorando.

O Menino levou-os para casa, inventou comidinhas para eles; um morreu, outro morreu, ficou só um.

Geralmente se cria em casa é casal de tuim, especialmente para se apreciar o namorinho deles. Mas aquele tuim macho foi criado sozinho e, como se diz na roça, "criado no dedo". Passava o dia solto esvoaçando em volta da casa da fazenda, comendo sementinhas de imbaúba. Se aparecia uma visita, fazia-se aquela demonstração! Era o Menino chegar na varanda e gritar para o arvoredo: "Tuim, Tuim, Tuim!" Às vezes demorava, então a visita achava que aquilo era brincadeira do Menino. De repente, surgia a ave, vinha certinho pousar no dedo do garoto.

Rubem Brava. *O menino e o tuim*. 2. ed. Rio de Janeiro: Galerinha Record, 2013. p. 5-8.

> O **grau do substantivo** indica a variação de tamanho do ser ou objeto.
> O grau **diminutivo** indica uma diminuição de tamanho.

Atividades

1. Copie do texto todos os substantivos no grau diminutivo.

2. Copie do texto as palavras terminadas em **inho** ou **inha** que não são diminutivos.

_____

3. Escreva o diminutivo dos substantivos a seguir. Use as terminações: **inho**, **inha**, **zinho** ou **zinha**.

a) lago _____
b) pé _____
c) flor _____
d) pastel _____
e) nariz _____
f) filha _____
g) mão _____
h) livro _____
i) pluma _____
j) raposa _____
k) coração _____
l) sofá _____

4. Faça a correspondência entre as colunas.

a) ilha
b) lugar
c) rua
d) vara
e) chuva
f) rabo
g) flauta
h) rio

• vareta
• riacho
• chuvisco
• rabicho
• flautim
• lugarejo
• ilhota
• ruela

5. Encontre no diagrama o diminutivo das palavras que estão no quadro a seguir.

burro – vala – parte – papel – sino – criança – barba – monte

B	P	P	A	P	E	L	Z	I	N	H	O	W
U	E	R	Q	A	P	H	L	U	C	H	P	R
R	T	C	R	I	A	N	C	I	N	H	A	S
R	Ç	J	K	W	B	Ç	D	K	R	Z	J	I
I	D	P	A	R	T	Í	C	U	L	A	K	N
C	R	A	Q	Y	Q	Q	C	K	T	G	K	E
O	P	M	O	N	T	Í	C	U	L	O	L	T
V	T	L	V	A	L	I	N	H	A	D	P	A
A	Q	Z	W	T	P	Y	E	G	B	N	L	P
B	A	R	B	I	C	H	A	D	Q	K	D	A

Língua Portuguesa

NOME: _____ DATA: _____

Grau do substantivo: aumentativo

Vamos ler

Chapeuzinho Amarelo

Era a Chapeuzinho Amarelo.
Amarelada de medo.
Tinha medo de tudo,
aquela Chapeuzinho.
Já não ria.
Em festa, não aparecia.
Não subia escada
nem descia.
Não estava resfriada
mas tossia.
Ouvia conto de fada
e estremecia.
Não brincava mais de nada,
nem de amarelinha.
[...]

Mesmo assim a Chapeuzinho
tinha cada vez mais medo
do medo do medo do medo
de um dia encontrar um LOBO.
Um LOBO que não existia.

E Chapeuzinho Amarelo,
de tanto pensar no LOBO,
de tanto sonhar com LOBO,
de tanto esperar o LOBO,
um dia topou com ele
que era assim:
carão de LOBO,
olhão de LOBO,
jeitão de LOBO
e principalmente um bocão
tão grande que era capaz
de comer duas avós,
um caçador,
rei, princesa.
sete panelas de arroz
e um chapéu
de sobremesa.

Mas o engraçado é que,
assim que encontrou o LOBO,
a Chapeuzinho Amarelo
foi perdendo aquele medo,
o medo do medo do medo
de um dia encontrar um LOBO.
Foi passando aquele medo
do medo que tinha do LOBO.
Foi ficando só com um pouco
de medo daquele lobo.
Depois acabou o medo
e ela ficou só com o lobo.
[...]

Chico Buarque. *Chapeuzinho Amarelo*. 27. ed. Rio de Janeiro: Jose Olympio, 2011. p. 5, 12, 14 e 16.

Atividades

1 Copie do poema todos os substantivos no grau aumentativo.

_____

2 Copie do poema as palavras terminadas em **ão** que não são aumentativos.

_____

3 Leia os aumentativos do quadro a seguir e escreva-os ao lado do substantivo a que correspondem.

chapelão	muralha	vozeirão
fogaréu	barcaça	ricaço
bocarra	amigão	garrafão
casarão	narigão	fornalha

a) barco _____

b) forno _____

c) muro _____

d) rico _____

e) fogo _____

f) voz _____

g) amigo _____

h) boca _____

i) chapéu _____

j) casa _____

k) nariz _____

l) garrafa _____

4 Reescreva as frases trocando os substantivos em destaque pelo aumentativo dele.

a) Vou comer um **pastel** na lanchonete da escola.

_____

b) Papai comprou um **chapéu** novo.

_____

c) O leão abriu a **boca** na jaula.

_____

d) A cantora lírica tem uma **voz** espetacular.

_____

e) O padeiro colocou pães no **forno** para assar.

_____

f) Olívia ganhou um **cão** em seu aniversário.

_____

g) Meus avós vivem em uma **casa** na região serrana.

_____

Língua Portuguesa

NOME: _____ DATA: _____

Adjetivos e locuções adjetivas

Vamos ler

Salada de frutas
Eu sou o limão-galego,
sempre azedinho aonde chego.

Esta é a pera verdinha,
por dentro, bem madurinha.

E o morango arrepiado
que espeta quem fica ao seu lado.

Aquela é a banana-nanica,
rainha da Martinica.

E a fruta-do-conde ondulada,
parece uma velha enrugada.

Ao meu lado, a amiga uva,
de roxo, porque está viúva.

E a cereja, encabulada,
sempre vermelha, coitada!

Lá vem gorda a melancia!
Mas se lhe tiram os caroços
fica bem magra e vazia.

Sonia Miranda. *Pra boi dormir*. 7. ed. Rio de Janeiro: Record, 2007. p. 34.

Os **adjetivos** atribuem características aos substantivos.

Atividades

1 Circule os adjetivos que aparecem no poema e escreva-os.

_____

_____

Língua Portuguesa

Locução adjetiva é uma expressão formada por duas palavras que equivalem a um adjetivo.
Exemplos: brincadeira **de criança** – brincadeira **infantil**; luz **do sol** – luz **solar**.

2 Leia os adjetivos do quadro a seguir e escreva-os ao lado das locuções adjetivas a que correspondem. Veja o exemplo.

artística – fraterno – colorida – ~~materno~~ – aéreo – juvenil
carnavalesca – fluvial – estudantil – real – familiar

a) amor de mãe – amor materno

b) amor de irmão – _____

c) reunião de família – _____

d) assembleia de estudantes – _____

e) presente de rei – _____

f) festa de carnaval – _____

g) passeio de rio – _____

h) treinamento por ar – _____

i) festa de jovem – _____

j) calça de cor – _____

k) obra de arte – _____

3 Escreva uma frase com cada locução adjetiva a seguir.

de Sol – de anjo – de noite – de filho – de escola – de manhã – de mar

a) _____

b) _____

c) _____

d) _____

e) _____

f) _____

g) _____

52 Língua Portuguesa

Adjetivo pátrio

Vamos cantar

Rebola, bola

Eu sou mineira de Minas,
Mineira de Minas Gerais.
Eu sou mineira de Minas,
Mineira de Minas Gerais.

Rebola, bola,
Você diz que dá, que dá,
Você diz que dá na bola,
Na bola você não dá!

Eu sou carioca da gema,
Carioca da gema do ovo.
Eu sou carioca da gema,
Carioca da gema do ovo.

Rebola, bola,
Você diz que dá, que dá,
Você diz que dá na bola,
Na bola você não dá!

Cantiga.

Os **adjetivos pátrios** ou gentílicos indicam a nacionalidade ou o lugar de origem do ser. Essa nacionalidade está relacionada a continentes, países, estados, cidades, entre outros.

Atividades

1. Copie os adjetivos pátrios citados na cantiga e escreva os respectivos lugares de origem.

Adjetivo pátrio	Lugar de origem

Língua Portuguesa

2 Ligue os adjetivos pátrios aos estados ou países de origem.

a) Bahia ●   ● curitibano
b) Acre ●   ● japonês
c) Portugal ●   ● goiano
d) Sergipe ●   ● francês
e) Japão ●   ● baiano
f) Goiânia ●   ● roraimense
g) França ●   ● acreano
h) Roraima ●   ● tocantinense
i) Tocantins ●   ● português
j) Curitiba ●   ● sergipano

3 Complete as frases com a nacionalidade ou o lugar de origem.

a) Quem nasce no Brasil é _____.

b) A mãe de João nasceu em _____. Ela é angolana.

c) Quem nasce no _____ é cearense.

d) Meus avós são italianos. Eles nasceram na _____.

e) _____ é quem nasce em Pernambuco.

4 Escreva os adjetivos pátrios pedidos.

a) comida de Minas Gerais _____

b) dança da Bahia _____

c) seleção da Argentina _____

d) folclore de Pernambuco _____

e) bandeira do Brasil _____

f) caravela de Portugal _____

5 Escreva os adjetivos pátrios correspondentes aos estados brasileiros a seguir.

a) Quem nasce no Amazonas é _____.

b) Quem nasce em Santa Catarina é _____.

c) Quem nasce em São Paulo é _____.

d) Quem nasce no Mato Grosso do Sul é _____.

e) Quem nasce no Maranhão é _____.

f) Quem nasce em Alagoas é _____.

g) Quem nasce em Goiás é _____.

h) Quem nasce no Paraná é _____.

Língua Portuguesa

Palavras com EZA e ESA

Vamos ler

Mudanças

Meu pai perdeu o emprego e algumas coisas mudaram aqui em casa. A começar pela escola. Saí de colégio particular onde estudava desde pequeno para ser matriculado numa escola pública. Minha irmã caçula se adaptou muito fácil, foi logo fazendo amizade, parecia ter estudado ali a vida inteira.

Foi **dureza** no começo. Mudar uma vida inteira é dureza. Principalmente quando você está acostumado a ela e tem tudo muito organizado, definido. (Afirmei a vida inteira que eu sou um cara organizado e de repente vem um furacão e derruba tudo. Coisa de louco).

Se você pensar bem, essa dificuldade toda não acontece só na espécie humana. Não tem os animais? Se eles saem do ambiente a que estão acostumados eles estranham, muitos nem se adaptam, ficam doentes e tudo.

Em casa, tirando a Lu – ela era uma dessas espécies que se adaptavam superfácil a qualquer ambiente, clima e assim por diante –, todo mundo demorou um pouco para se acostumar com todas essas mudanças. [...]

Tânia Alexandre Martinelli. *Louco por HQs*. São Paulo: Editora do Brasil, 2011. p. 80.

> Os substantivos originados de um adjetivo são escritos com **eza**. Exemplos: triste – tristeza; leve – leveza.
> Os adjetivos femininos que indicam lugar de origem e título de nobreza são escritos com **esa**. Exemplos: chinesa; baronesa.

Atividades

1 Copie o substantivo em destaque no texto e escreva o adjetivo que o originou.

Língua Portuguesa

2 Transforme os adjetivos em substantivos. Use a terminação **eza**. Veja o exemplo.

pobre – pobreza

a) certo _____
b) belo _____
c) gentil _____
d) mole _____
e) puro _____
f) natural _____
g) limpo _____
h) claro _____
i) delicado _____
j) firme _____
k) magro _____
l) grande _____

3 Leia a seguir alguns adjetivos que indicam títulos de nobreza e faça a correspondência entre o masculino e o feminino.

1. príncipe
2. marquês
3. barão
4. cônsul
5. arquiduque
6. duque

☐ duquesa
☐ consulesa
☐ princesa
☐ baronesa
☐ marquesa
☐ arquiduquesa

4 Complete as frases com as palavras do quadro.

japonesa – libanês – portugueses – princesa – limpeza – certeza – frieza

a) Os _____ chegaram ao Brasil em 1500.

b) O Rio Tietê precisa de uma _____.

c) Minha avó nasceu no Japão. Ela é _____.

d) A _____ Isabel assinou a Lei Áurea, que libertou os escravos no Brasil.

e) Quem nasce no Líbano é _____.

f) Não tenho _____ de que fechei a porta de casa.

g) A _____ do piloto foi importante naquela situação.

Língua Portuguesa

NOME: _____ DATA: _____

Palavras com SC, SÇ e XC

Vamos ler

Os dois papagaios

Uma história bem antiga,
Narro em versos tão certeiros,
É um enredo diferente,
Siga agora seus roteiros;
Sol e Lua são dois homens –
Caçadores verdadeiros.

Certo dia partiram
À floresta pra caçar,
E um ninho abandonado,
Avistaram em um lugar,
Dois pequenos papagaios
Decidiram bem cuidar.

O filhote mais gordinho,
Pelo Sol foi escolhido.
Já o outro depenado,
Foi do Lua o mais querido;
Com o tempo eles cresceram,
Cada qual mais colorido.

Todo dia o Lua e o Sol,
Precisavam ir caçar;
Quando então um papagaio
Disse sem titubear:
– Sinto pena dos dois homens,
Precisamos ajudar.

[...]
Ao voltar pra sua casa
O homem Lua assim falou:
– Veja, Sol, quanta comida!
Mas quem foi que preparou?
– Eu não tenho nem ideia,
Como tudo se aprontou!

Os dois homens repararam
que no chão tinha pegadas,
Que ficavam só em casa,
Não saíam por estradas,
E as aves no poleiro,
Só sorriam bem caladas.
[...]

César Obeid. *Cordelendas: histórias indígenas em cordel*. São Paulo: Editora do Brasil, 2014. p. 29-31.

Atividades

1 Circule na lenda uma palavra com **sc** com som de **s** e copie-a a seguir.

_____

Língua Portuguesa

2 Leia as palavras a seguir e copie-as na coluna correta da tabela.

descente exceção obsceno nasço
exceto floresço desça rescisão
cresço exclusivo disciplina excêntrico
piscina ascender descer cresçam
excelente convalesço excursão adolescente

Palavras com SC	Palavras com SÇ	Palavras com XC

3 Complete as palavras com **sc**, **sç**, **xc** e reescreva-as separando as sílabas.

a) ressu_____itar – _____

b) de_____amos – _____

c) e_____esso – _____

d) o_____ilação – _____

e) a_____ender – _____

f) cre_____am – _____

g) e_____lamar – _____

h) sei_____entos – _____

4 Forme palavras com as sílabas a seguir.

| pli | cer | ça | flo | pis | nas |
| cres | dis | des | ci | na | res |

a) _____ e) _____

b) _____ f) _____

c) _____ g) _____

d) _____ h) _____

Língua Portuguesa

NOME: _____ DATA: _____

Grau do adjetivo

Vamos ler

Ziraldo. *A Tardinha 8*. Salvador, 16 nov. 2013, ano 8, n. 424.

> Os adjetivos podem ser flexionados de acordo com a intensidade da qualidade do elemento que ele caracteriza.
> O **grau comparativo** é usado para comparar uma característica entre dois elementos ou duas características de um mesmo elemento. O comparativo pode ser de:
> - **superioridade** – mais, mais que ou mais do que;
> - **igualdade** – tão, quanto ou como;
> - **inferioridade** – menos, menos que ou menos do que.
>
> O **grau superlativo** é usado para caracterizar um ou mais elementos em um grau muito elevado ou máximo. Essa intensificação se faz por meio das terminações **íssimo**, **érrimo**, **ílimo** etc., ou com o uso de palavras intensificadoras, como **menos**, **mais**, **extremamente**, **super** etc.

Atividades

1 Copie da história em quadrinhos um adjetivo no grau superlativo.

_____

2 Circule os adjetivos nas frases a seguir.
a) O pudim de leite ficou docíssimo.
b) A prova de Matemática foi dificílima.
c) Este crucifixo é antiquíssimo, do século XV.
d) Roberta é fragílima, está precisando de ajuda.
e) Aquele rapaz boníssimo ganhou um prêmio.

Língua Portuguesa 59

3 Classifique as frases de acordo com a legenda.

> **IG** – igualdade   **SU** – superioridade   **IN** – inferioridade

a) ☐ O avião voa mais alto do que o helicóptero.

b) ☐ Armando é maior que Rogério.

c) ☐ O planeta Terra é menor que Júpiter.

d) ☐ O pássaro é menor que o gavião.

e) ☐ O Sol é tão belo quanto a Lua.

f) ☐ O sorvete de uva é tão gostoso quanto a fruta retirada do pé.

4 Complete as frases com o comparativo indicado.

a) igualdade
- A maçã é _____ saborosa _____ a pera.
- Eu sou _____ alta _____ minha irmã.

b) inferioridade
- Meu pai tem _____ idade _____ minha mãe.
- Comi _____ no café da manhã _____ no almoço.

c) superioridade
- Alice é _____ corajosa _____ Joana.
- O leite é _____ saudável _____ o refrigerante.

5 Reescreva as frases usando o adjetivo em destaque no grau superlativo. Veja o exemplo.

> O leão é **feroz**.
> O leão é ferocíssimo.

a) Minha irmã está **feliz** com a notícia.
_____

b) A prova de Matemática foi **fácil**.
_____

c) O cão é **amigo** do homem.
_____

6 Escreva o superlativo dos adjetivos a seguir.

a) bom _____
b) difícil _____
c) magro _____
d) claro _____
e) velho _____
f) forte _____
g) esperto _____
h) pobre _____

Língua Portuguesa

NOME: _____ DATA: _____

Uso dos porquês

Vamos ler

É tudo tão complicado!

Por que tudo nesse mundo
é feito pra complicar?
Por que é que a sobremesa
não vem *antes* do jantar?

Por que o recreio é tão curto,
e a aula é tão comprida?
Por que é que todos querem
complicar a minha vida?

A razão de tudo isso,
acho que eu já descobri:
todo mundo se aproveita
porque ainda não cresci.

Mas esperem só um pouco,
até que eu tenha crescido,
porque eu vou fazer um mundo
muito, muito divertido!

Nesse mundo, os adultos
é que vão perguntar "por quê?"
E as crianças, só de farra,
não vão querer responder!

Pedro Bandeira. *Mais respeito, eu sou criança!* São Paulo: Moderna, 1994. p. 37.

Por que – usado em frases interrogativas diretas ou indiretas e em substituição às expressões "por qual motivo/razão" e "pelo qual". Exemplo:
- **Por que** ele fez isso?
- Preciso saber **por que** você não entregou o trabalho.
- A situação **por que** passamos foi ruim.

Porque – usado em frases afirmativas e em respostas. Pode ser substituído pelas conjunções "pois", "já que", "como". Exemplo:
- Não usei o vestido **porque** não fui à festa.

Por quê – usado em final de frases, imediatamente antes da pontuação. Exemplo:
- Eles faltaram à aula não sei **por quê**.

Porquê – usado como substantivo. Geralmente é acompanhado de um artigo. Pode ser substituído por "causa", "motivo", "razão".
- Não sabemos o **porquê** dessa atitude de Clarice.

Atividades

1 Sublinhe no poema as palavras: **por que**, **porque**, **por quê** e **porquê**.

2 Numere as palavras de acordo com os usos dos porquês.

- **1** Usado com a função de substantivo.
- **2** Usado em frases interrogativas diretas ou indiretas.
- **3** Usado para dar explicação ou resposta.
- **4** Usado no final de frases.

☐ por que   ☐ por quê   ☐ porque   ☐ porquê

3 Complete as frases com o uso adequado de: **por que**, **por quê**, **porque** e **porquê**.

a) Queremos saber _____ o piso está molhado.

b) O jardim da creche está florido. _____?

c) Preciso saber o _____ de tantas formigas no quintal.

d) Hoje fiz uma torta _____ vamos receber uma visita importante.

e) _____ você não foi à festa de formatura?

f) Troquei de roupa _____ vou ao médico.

g) Não entendemos o _____ das seguidas faltas de Marisa.

4 Complete a anedota com **por que** e **porque**.

O professor perguntou:

— _____ o mar é salgado?

E ele respondeu sem titubear:

— _____ tem muito bacalhau!

Ziraldo. *Mais Anedotinhas do Bichinho da Maçã.* 11. ed. São Paulo: Melhoramentos, 2000. p. s/n (capa de trás).

5 Forme uma frase para cada tipo de porquê.

a) _____

b) _____

c) _____

d) _____

Língua Portuguesa

NOME: _____ DATA: _____

Pronomes pessoais

Vamos ler

O senhor Ninguém
Eu sei de um homenzinho
Quietinho e invisível
Que reina pela casa,
Faz tudo o que é horrível!
Eu nunca vi o seu rosto,
Mas sei, e tu também,
Se um prato é quebrado,
Foi ele, seu Ninguém!

Os nossos livros rasga,
Arranca os botões,
No chão derruba tinta
E água aos borbotões,
Marcas de dedos deixa
Nas portas. Sabes quem
Faz todos os estragos?
É ele, seu Ninguém!

Nós nunca esquecemos
A porta escancarada,
Nem espalhamos roupa
Na sala bagunçada!
Não somos nós, crianças,
Culpadas disso, nem
São nossas essas roupas!
São só do seu Ninguém!

Tatiana Belinky. *Um caldeirão de poemas*. São Paulo: Companhia das Letrinhas, 2003. p. 12.

Pronome é a palavra que substitui o nome ou a ele se refere.
Os **pronomes pessoais** podem ser do **caso reto** ou do **caso oblíquo**.

Atividades

1 Copie do poema os pronomes pessoais.

_____

2 Numere as colunas de acordo com a legenda.

1 pronome pessoal do caso reto   **2** pronome pessoal do caso oblíquo

- [ ] nós, vós, eles, elas
- [ ] me, mim, comigo
- [ ] vos, convosco
- [ ] o, a, lhe, se, si, consigo

- [ ] te, ti, contigo
- [ ] nos, conosco
- [ ] Eu, tu, ele, ela
- [ ] os, as, lhes, se, si, consigo

3 Reescreva as frases substituindo o nome pelo pronome.

a) Eu, papai e mamãe fomos ao cinema no domingo.
_____

b) João ganhou um presente de aniversário.
_____

c) Maria Carolina comprou botas novas.
_____

d) As professoras cantaram o Hino Nacional.
_____

e) Carlos subiu no pé de manga.
_____

4 Complete as frases com pronomes pessoais do caso oblíquo.

a) Eles _____ aborreceram com o barulho dos fogos de artifício.

b) Nós _____ entristecemos com sua partida.

c) Vovô abriu a porta para _____.

d) Venha caminhar _____ no parque.

e) Eu _____ peço que reconsidereis vossa decisão.

f) Milena _____ preparou muito bem para a competição.

g) Agindo dessa forma tu _____ prejudicarás.

5 Circule os pronomes das frases e classifique-os em caso reto ou oblíquo.

a) Ela brinca de amarelinha. _____

b) Vocês querem brincar comigo? _____

c) Nós pescamos no lago em Brasília. _____

d) Rogério lhe deu um presente de aniversário. _____

Língua Portuguesa

NOME: _____ DATA: _____

Revisando os pronomes pessoais

Vamos ler

[...]
Lá vou eu, bocejando caminho afora. No elevador lotado, todo mundo com cara de pão amanhecido, menos o Seu Gentil, um velhinho sorridente de bengala e chapéu coco, dizendo sempre a todos: Bom-dia, Ana Raquel – que sou eu –, bom-dia, Dona Rosa, bom-dia, João... e a quem mais estiver.

Às vezes nem respondo, finjo que não ouvi. Ele parece não se importar, pois sempre me deseja bom-tudo mesmo assim. Hoje, definitivamente, não é o meu dia! Esqueci-me do caderno de lição. Voltar não vai dar, pois, como já disse, a encrenca do sinal não se atrasa jamais. Bom, posso inventar alguma mentirinha ou uma mentirona ou sei lá o quê.

Na entrada da escola vem o Felipe me enchendo.

– Ana Raquel, você fez a lição?
– Não é da sua conta!

Ele ficou com cara de tomate maduro, não sei se de raiva ou de vergonha.

Logo na porta da sala, a Sofia, enxerida, perguntou se eu trouxe o material para o trabalho em grupo. Mas que coisa! Nem ela nem ninguém têm nada com isso, se eu trouxe ou não.
[...]

Regina Rennó. *Seu Gentil*. São Paulo: Editora do Brasil: 2007. p. 5-6.

Atividades

1 Copie do texto os pronomes pessoais do caso reto e do caso oblíquo.

Língua Portuguesa

2 Organize os pronomes a seguir na coluna correta do quadro.

convosco	mim	tu	eles	lhes	se
consigo	nós	ela	o	lhe	elas
conosco	vos	si	os	ele	me
comigo	te	a	eu	ti	vós
contigo	as	nos	se	si	consigo

Pronomes pessoais		
Pessoas		**Caso reto**	**Caso oblíquo**
Singular	1ª		
	2ª		
	3ª		
Plural	1ª		
	2ª		
	3ª		

3 Complete as frases corretamente usando um dos pronomes sugeridos.

a) Esta cadeira está reservada para _____. (mim – me)

b) _____ segurastes a porta? (eu – vós)

c) Queremos conversar _____ sobre as aulas. (comigo – contigo)

d) Façam silêncio para _____ estudar, por favor. (me – eu)

4 Reescreva as frases substituindo os termos destacados por um pronome. Veja o exemplo.

a) Adriana ofereceu carona **para mim**.
   Adriana ofereceu-me carona.

b) Tia Fabiana olhou **para mim** com carinho.
_____

c) O carteiro entregou as correspondências **para mim**.
_____

d) Valter comprou muitos presentes **para mim**.
_____

Língua Portuguesa

NOME: _____ DATA: _____

Pronomes de tratamento

Vamos ler

Laerte. In: *A Tardinha*. Salvador, 7 de dezembro de 2013, ano 08, n. 427.

> Os **pronomes de tratamento** são palavras que usamos para nos dirigir à pessoa com quem estamos falando em determinada situação, seja ela formal ou informal.

Atividades

1 Circule na tirinha um pronome de tratamento.

2 Ligue os pronomes de tratamento às respectivas pessoas.

a) Senhor ●   ● rei

b) Vossa Alteza ●   ● amigo

c) Vossa Senhoria ●   ● papa

d) Você ●   ● idoso

e) Vossa Majestade ●   ● presidente

f) Vossa Santidade ●   ● princesa

Língua Portuguesa 67

3 Complete o quadro com os pronomes de tratamento e abreviaturas a seguir.

Sr., Sra.　　　V. Sª　　　Vossa Majestade　　　V. A.
Você　　　　　Ilmo.　　　Vossa Santidade　　　V. Exª
Meritíssimo　　V. Emª

Uso	Abreviatura	Pronome de tratamento
membros da nobreza e comunicações oficiais		Ilustríssimo
papa	V. S.	
altas autoridades		Vossa Excelência
reis e rainhas	V. M.	
príncipes, princesas e duques		Vossa Alteza
tratamento respeitoso		Senhor, Senhora
tratamento informal	V.	
autoridades em geral		Vossa Senhoria
juízes de direito	MM.	
cardeais		Vossa Eminência

4 Complete as frases com o pronome de tratamento adequado.

a) _____ Elizabeth II é a rainha da Inglaterra.

b) _____ é o meu melhor amigo.

c) Vossa _____, o papa, mora no Vaticano.

d) O _____ Rogério é meu professor.

e) Vossa _____ o governador chegou na cerimônia.

f) Ajudei uma _____ a atravessar a rua na faixa de pedestres.

5 Escreva por extenso o pronome de tratamento indicado por cada abreviatura.

a) V. M. _____

b) Sr. _____

c) V. Exª _____

d) V. S. _____

e) Sra. _____

f) V. Sª _____

g) V. A. _____

Língua Portuguesa

NOME: _____ DATA: _____

Palavras com G e J

Vamos ler

A visita da tia

Tenho uma tia gorda
que dá um abraço apertado.
Eu aguento, já sou grandinho.
Meu irmão... quase morre esmagado.

"Ela tem abraço de urso" –
falo, num tom atrevido.
"Será que ela é tia mesmo,
ou um urso de bolsa e vestido?"

Da janela do quarto eu a vejo,
vindo sempre no mesmo percurso.
Saio logo correndo e avisando:
— Esconde! Esconde! É o urso!!

Mas o faro do bicho não falha:
ela encontra a gente na hora.
Com o abraço dela, eu gemo.
Meu irmão? Quase sempre chora.

Claudio Thebas. *Amigos do peito*. 14. ed. Belo Horizonte: Formato Editorial, 1996. p. 22.

A letra **g** antes das vogais **e** e **i** tem o som de **j**.

Atividades

1 Circule de **vermelho** no poema as palavras que têm a letra **g** e, de **azul**, as palavras que têm a letra **j**. Depois, copie a seguir apenas as palavras escritas com **g**, mas com som de **j**.

_____

2 Complete as palavras com **g** ou **j** e escreva-as.

a) hi___iene _____

b) ___iló _____

c) má___ico _____

d) ___eito _____

e) pá___ina _____

f) ___i___ante _____

g) pa___é _____

h) vi___ilante _____

i) ___aneiro _____

j) ___en___iva _____

Língua Portuguesa

3 Escreva o nome das figuras.

a) _____

d) _____

g) _____

b) _____

e) _____

h) _____

c) _____

f) _____

i) _____

4 Forme uma frase com cada palavra do quadro a seguir.

agilidade – gente – gorjeta – jardim

a) _____

b) _____

c) _____

d) _____

NOME: _____ DATA: _____

Pronomes: possessivos, demonstrativos e indefinidos

Vamos ler

Pronomes possessivos são aqueles que indicam uma relação de posse, ou seja, que algo pertence a uma das pessoas do discurso.

Pronomes demonstrativos são aqueles que situam pessoas ou coisas (no tempo, no espaço e no discurso) em relação às pessoas do discurso.

Pronomes indefinidos são aqueles que se referem à 3ª pessoa do discurso, dando-lhe sentido indeterminado ou impreciso.

Atividades

1) Copie dos quadrinhos os pronomes possessivos, demonstrativos e indefinidos.

_____

Língua Portuguesa 71

2 Organize os pronomes a seguir na coluna correta da tabela.

meu	muito	teu	estes
esse	nossa	isto	vários
ninguém	aquela	todos	minha
vosso	isso	seus	cada

Pronomes possessivos	Pronomes demonstrativos	Pronomes indefinidos

3 Classifique os pronomes de acordo com a legenda.

P – possessivo   **D** – demonstrativo   **I** – indefinido

a) ☐ mais

b) ☐ aquilo

c) ☐ vossa

d) ☐ esta

e) ☐ essa

f) ☐ nosso

g) ☐ cada

h) ☐ minhas

i) ☐ vossos

j) ☐ algo

k) ☐ este

l) ☐ menos

4 Forme pronomes possessivos, demonstrativos e indefinidos usando as sílabas do quadro.

| mi | co | es | is | vos | pou | nos | se |
| me | to | ta | do | tu | so | sa | nha |

a) _____

b) _____

c) _____

d) _____

e) _____

f) _____

g) _____

h) _____

72 Língua Portuguesa

Pronomes relativos

Vamos ler

A Rã e o Rato

Um jovem Rato em busca de aventuras corria despreocupado ao longo da margem de uma lagoa **onde** vivia uma Rã.

Quando a Rã viu o Rato, nadou até a margem e disse coaxando:

– Você não gostaria de me fazer uma visita? Prometo que, se aceitar meu convite, não se arrependerá...

O Rato, de bom grado, aceitou aquela oferta na hora, já que estava ansioso para conhecer o mundo e tudo que havia nele.

Entretanto, embora soubesse nadar um pouco, cauteloso e receoso, já que ele não era um animal da água, disse que não se arriscaria a entrar na lagoa sem alguma ajuda.

A Rã teve uma ideia. Ela amarrou a perna do Rato à sua com uma robusta fibra de junco. Então, já à beira da lagoa, pulou levando com ela seu infeliz e ingênuo companheiro.

O Rato logo se deu por satisfeito e queria voltar para terra firme. Mas a traiçoeira Rã tinha outros planos. Ela deu um puxão no Rato, **que** preso à sua perna nada podia fazer, e mergulhou nas águas profundas e escuras afogando-o.

No entanto, antes que o malicioso anfíbio pudesse soltar-se da fibra que o prendia ao Rato, um Falcão que sobrevoava a lagoa, ao ver o corpo do Rato flutuando na água, deu um voo rasante e com suas fortes garras o segurou levando-o para longe, trazendo também consigo a Rã, **cuja** perna ainda estava presa à do infeliz roedor.

Desse modo, com um só golpe, a ave de rapina capturou a ambos, tendo assegurada uma porção de carne variada, animal e peixe, para o seu jantar daquele dia.

Moral da história: Aquele que procura prejudicar os outros por meio de suas próprias artimanhas frequentemente acaba por prejudicar a si mesmo.

Fábula de Esopo.

> **Pronomes relativos** são aqueles que representam nomes já mencionados anteriormente e com os quais se relacionam.

Atividades

1. Escreva os pronomes relativos em destaque na fábula.

Língua Portuguesa

2 Complete as frases com os pronomes relativos do quadro.

> quem – cujo – onde – que – quanto – a qual

a) Fui à galeria de arte moderna, _____ me deixou encantado.

b) Contratei o motorista a _____ você se referiu.

c) Comprei o sapato _____ mamãe pediu.

d) Ele comeu doce tanto _____ pôde.

e) O tesouro _____ pirata tinha roubado foi encontrado.

f) A praia _____ estou é linda.

3 Circule os pronomes relativos.

a) Não gostei da comida que ela preparou.

b) Tiraram os bancos cujos assentos estavam sujos.

c) Visitarei a cidade onde nasci.

d) Este é o rapaz de quem lhe falei.

4 Classifique os pronomes de acordo com a legenda.

> **D** – demonstrativo   **I** – indefinido   **R** – relativo

a) [ ] Esta máquina fotográfica é de Suzana.

b) [ ] Há muitas pessoas esperando na fila.

c) [ ] Aquele avião está sobrevoando a pista de pouso.

d) [ ] É uma menina estudiosa cuja nota foi 10.

e) [ ] A lição que o professor passou estava difícil.

f) [ ] Vejo algumas estrelas no céu.

5 Forme uma frase usando:

a) um pronome relativo;

_____

b) um pronome indefinido;

_____

c) um pronome possessivo;

_____

d) um pronome demonstrativo.

_____

Língua Portuguesa

NOME: _____ DATA: _____

ATRÁS, TRÁS e TRAZ

Vamos ler

O gato
Com um lindo salto
Lesto e seguro
O gato passa
Do chão ao muro
Logo mudando
De opinião
Passa de novo
Do muro ao chão
E pega corre
Bem mansinho
Atrás de um pobre
De um passarinho
Súbito, para
Como assombrado
Depois dispara
Pula de lado
E quando tudo
Se lhe fatiga
Toma o seu banho
Passando a língua
Pela barriga.

"O gato". Vinicius de Moraes. *A arca de Noé: poemas infantis*. São Paulo: Cia. das Letras, Editora Scwarcz Ltda., 1991. p. 48.

Atividades

1 De acordo com o poema, marque um **X** no significado da palavra **atrás**.

a) ☐ Primeiro da fila.

b) ☐ Lugar bem distante.

c) ☐ Contrário de "na frente".

2 Numere a segunda coluna de acordo com a primeira.

1	trás	☐ O que não está na frente.
2	traz	☐ Parte posterior, após, detrás.
3	atrás	☐ Verbo **trazer** conjugado.

Língua Portuguesa 75

3 Complete as frases com as palavras do quadro.

> trás – traz – atrás

a) Na corrida, meu amigo ficou para _____.

b) Eu estava na fila _____ daquele homem de boné.

c) João sempre _____ flores para Ana Carolina.

d) O cachorro correu _____ da bola de borracha.

e) A brincadeira _____ alegria para as crianças.

f) O ano terminou, ficou para _____.

4 Leia as frases e marque um **X** no significado correto da palavra em destaque.

a) **Atrás** do carro tem um cachorro.
- ☐ ação
- ☐ lugar

b) Lembrar-me do meu passado **traz** muita saudade.
- ☐ ação
- ☐ lugar

c) Plantei uma árvore **atrás** da casa.
- ☐ ação
- ☐ lugar

d) Sempre quando vovó chega do sítio ela **traz** muitas frutas.
- ☐ ação
- ☐ lugar

e) Crianças com menos de 7 anos devem sentar-se no banco de **trás**.
- ☐ ação
- ☐ lugar

5 Forme frases usando a palavra:

a) trás;

_____
_____

b) atrás;

_____
_____

c) traz.

_____
_____

NOME: _____ DATA: _____

Pessoas do discurso

Vamos ler

Por que a zebra é toda listrada

Os mais velhos contam que tudo aconteceu quando a zebra e o burro eram companheiros e tinham a pelagem da mesma cor.

Naquela época, todos os animais eram amigos e viviam em paz. Não havia nenhum rei, rainha ou outro tipo qualquer de líder para dar ordens a ninguém.

Um dia, os bichos reuniram-se e decidiram que estava na hora de **eles** escolherem um chefe. Mas isto causou uma confusão danada, pois cada um tinha uma opinião diferente para dar. Houve tantas propostas que as discussões acabaram rolando durante dias e noites sem parar:

– Tem de ser o mais pesado – bramiu o elefante, exibindo o corpanzil.

– O melhor caçador – exigiu o leão, sacudindo a juba.

– O mais veloz – argumentou o leopardo, que parecia ter asas nas patas.

Então, a lebre teve a ideia genial:

– **Eu** proponho que todos os que tenham chifres escolham o seu líder. Os que tenham o corpo coberto de pelos, escamas ou penas também. No final realizaremos uma festa para escolher o rei da floresta.

A zebra e o burro acharam que poderiam ganhar a disputa. Os dois combinaram que iriam ajudar-se um ao outro para ficarem o mais bonito possível. O problema é que a zebra queria se embelezar primeiro, e o burro também. Então, resolveram pedir conselho à lebre, que era muito conhecida por sua esperteza em solucionar qualquer tipo de disputa.

– Como a zebra é muito velha, **ela** é que deve ser enfeitada primeiro – disse a orelhuda.

O burro, imediatamente, começou a trabalhar. **Ele** pintou a zebra com listras brancas e negras, bem devagar e com cuidado, até a ponta dos cascos. Foi tão cuidadoso que só conseguiu terminar a tarefa pouco antes de o concurso começar.

Assim que se viu pintada, a zebra correu para se juntar aos outros animais, esquecendo de ajudar seu irmão. O burro tentou pintar-se sozinho, mas acabou se borrando todo.

É por isso que hoje em dia ele tem essa cor sem graça, toda amarelada.

A zebra não ganhou o concurso, pois o vencedor foi o leão, mas passou a ser admirada pela beleza de suas cores. O burro, magoado, deixou a floresta e foi trabalhar num vilarejo.

Rogério Andrade Barbosa. *Histórias africanas para contar e recontar.*
São Paulo: Editora do Brasil, 2011. p. 31-33.

Atividades

1 Escreva as pessoas do discurso em destaque no texto.

_____

2 Faça a correspondência entre as colunas.

a) 1ª, 2ª e 3ª pessoas do singular. ●   ● nós, vós, eles/elas

b) 1ª, 2ª e 3ª pessoas do plural. ●   ● eu, tu, ele/ela

3 Complete as frases com as pessoas do discurso indicadas no quadro.

eu – tu – ele/ela – nós – vós – eles/elas

a) _____ fomos ao teatro no sábado de noite.

b) _____ gostas de comer *pizza* de frango?

c) _____ estudaram muito para o vestibular.

d) _____ ganhastes uma excelente recompensa pelo trabalho.

e) _____ viajarei para Belém nas próximas férias.

f) _____ correm no parque da cidade todos os dias.

4 Circule a pessoa do discurso presente nas frases e classifique-as. Veja o exemplo.

a) (Eles) foram ao baile de máscaras. _____ 3ª pessoa do plural

b) Ela pulou de paraquedas. _____

c) Tu caminhaste na praia. _____

d) Nós gostamos do filme. _____

e) Hoje eu almocei comida mexicana. _____

f) Vós estais lendo o jornal. _____

g) Tu conheces este garoto? _____

h) Vós estais todo molhado. _____

5 Escreva um pequeno texto utilizando pelo menos duas pessoas do discurso.

_____
_____
_____
_____
_____
_____

Língua Portuguesa

NOME: _____ DATA: _____

TÊM ou TEM; VÊM, VEM ou VEEM

Vamos ler

As coisas que a gente fala

Mas depende das pessoas
que repetem as palavras.
Algumas enfeitam pouco.
Algumas enfeitam muito.

Algumas enfeitam tanto,
que as palavras – que
engraçado!
– nem parecem as palavras
que entraram pelo outro
lado.
[...]

Seu Golias, que é vizinho
de Dona Felicidade,
e que é o pai do Filisteu,
ao ouvir que o filho seu
cometeu barbaridade,
fica danado da vida,
inventa logo um castigo,
sem tamanho, sem medida!

Não **tem** mais festa!
Não **tem** mais coca-cola!
Não **tem** TV!
Não **tem** jogo de bola!

Trote no telefone?
Nem mais pensar!
Isqueite? Milquicheique?
Vão acabar!
[...]

Sejam palavras bonitas
ou sejam palavras feias;
sejam mentira ou verdade
ou sejam verdades meias;
são sempre muito importantes
as coisas que a gente fala.
Aliás, também **têm** força
as coisas que a gente cala.
Às vezes, importam mais
que as coisas que a gente fez...

"Mas isso é uma outra história
que fica pra uma outra vez..."

Ruth Rocha. *As coisas que a gente fala*. Rio de Janeiro: Salamandra, 1998. p. 3, 9 e 19.

> Usamos **tem** quando o sujeito estiver no singular e **têm** quando o sujeito estiver no plural.

Atividades

1 Copie do poema as palavras em destaque.

_____

Língua Portuguesa 79

2 Reescreva as frases usando **tem** ou **têm**. Veja o exemplo.

a) O pescador tem uma rede grande.
   Os pescadores têm uma rede grande.

b) Elas têm meu endereço completo.
   _____

c) O pintor tem um pincel novo.
   _____

d) Ele tem os mesmos sinais nas costas.
   _____

e) O trabalhador tem muita força de vontade.
   _____

> Usamos **vem** quando o sujeito estiver no singular e **vêm** quando o sujeito estiver no plural.

3 Reescreva as frases usando **vem** ou **vêm**. Veja o exemplo.

a) Ele vem depois do trabalho.
   Eles vêm depois do trabalho.

b) As médicas vêm de longe para o hospital.
   _____

c) Ela vem passar o dia conosco.
   _____

d) O tio vem amanhã para a formatura do sobrinho.
   _____

e) Não sei a hora que ele vem.
   _____

> Veem se refere à 3ª pessoa do plural do verbo **ver**.

4 Complete as frases com **veem** e leia-as.

a) Os estudantes _____ as apresentações no colégio.

b) As crianças _____ os animais no zoológico.

c) Eles _____ os peixes nos aquários.

d) Marta e sua mãe _____ a novela todos os dias.

e) Eles _____ o netinho brincando no parque.

f) Alice e Gustavo não _____ a hora de partirem.

Língua Portuguesa

Infinitivo, gerúndio e particípio

Vamos ler

Segredos guardados

Quando o vento vem à tardinha
costuma **escutar** segredos
que não conta pra ninguém.

Sua fama de discreto
corre por toda a floresta
além do rio, além...

Mas a sapeca da brisa
é curiosa e quer
saber tudo muito bem

O vento fica **apertado**
e conta só uns pedaços:
vai **inventando** também.

A brisa percebe a farsa
e fecha a cara, dizendo:
– Tô de mal, belém-belém.

Os segredos, bem guardados,
vão virando estrelinhas.
Que os anjos digam amém!

Neusa Sorrenti. *Chorinho de riacho e outros poemas para cantar*. 2. ed. São Paulo: Formato Editorial, 2009. p. 25.

O verbo apresenta três formas nominais:
- **infinitivo**: quando o verbo não está conjugado, indicando apenas a ação;
- **gerúndio**: indica continuidade, uma ação em andamento;
- **particípio**: indica a conclusão de uma ação.

Atividades

1 Copie os verbos em destaque no poema de acordo com as indicações a seguir.

a) Infinitivo: _____.

b) Gerúndio: _____.

c) Particípio: _____.

Língua Portuguesa

2 Organize estes verbos na tabela a seguir de acordo com a classificação de cada um.

falar	comido	falando	subir
cortado	cantando	comer	amado
jogando	ficando	falado	andar
vivido	ficar	encantando	

Infinitivo	Gerúndio	Particípio

3 Encontre no diagrama o gerúndio e o particípio dos verbos a seguir e escreva-os.

coçar

_____

_____

pedir

_____

_____

acontecer

_____

_____

entrar

_____

_____

cair

_____

_____

C	R	C	A	I	N	D	O
O	E	N	T	R	A	D	O
Ç	H	H	P	G	X	Z	A
A	T	M	F	P	B	Z	C
N	P	C	O	Ç	A	D	O
D	E	T	T	E	C	W	N
O	D	U	Q	Q	O	B	T
W	I	C	O	M	N	A	E
T	D	H	N	N	T	D	C
Á	O	S	Ô	L	E	W	I
Q	M	Á	S	C	C	R	D
C	A	Í	D	O	E	S	O
W	J	V	Ç	F	N	S	W
P	E	D	I	N	D	O	J
Ç	I	D	V	W	O	L	D
E	N	T	R	A	N	D	O

82   **Língua Portuguesa**

NOME: _____ DATA: _____

Conjugações verbais

Vamos ler

Festa no arco-íris

A festa que eu fiz
no arco-íris
é pra menina
bailarina
ficar feliz.

E a estrada
do arco-íris
foi iluminada
pela luz do sol
logo ao **amanhecer**,
pra amada
bailarina menina
não se **perder**.

E toda a passarinhada
cantará em revoada.
E as cores amigas
vão **virar** cantigas.
E a flor mais bela
vai **abrir** pra ela.
E a dona esperança
vai **virar** criança.

E tudo que eu trouxe
será circo e magia
será dança e doce
pra **alegrar** o seu dia.

E toda a garotada
dançará encantada
com a menina
bailarina

A festa que eu fiz
no arco-íris
é pra menina
bailarina
ficar feliz.

Elias José. *Namorinho de portão*. 2. ed. São Paulo: Moderna, 2002. p. 7.

As **conjugações verbais** podem ser de três tipos: **1ª conjugação** (verbos terminados em **-ar**), **2ª conjugação** (verbos terminados em **-er**) e **3ª conjugação** (verbos terminados em **-ir**).

Atividades

1 Copie os verbos em destaque no poema de acordo com as conjugações verbais.

a) 1ª conjugação: _____

b) 2ª conjugação: _____

c) 3ª conjugação: _____

Língua Portuguesa

2 Escreva um verbo no infinitivo para cada ação a seguir e classifique-o quanto à conjugação verbal. Veja o exemplo.

a) _dormir_
   3ª conjugação

b) _____

c) _____

d) _____

e) _____

f) _____

3 Numere os verbos da segunda coluna de acordo com as conjugações da primeira.

1ª conjugação

2ª conjugação

3ª conjugação

☐ pedir

☐ pagar

☐ relampejar

☐ ter

☐ ir

☐ sonhar

4 Siga o exemplo e complete a tabela.

	Verbo	Conjugação	Pessoa
escreveu	escrever	2ª	3ª do singular
viajastes			
subi			
partiremos			
caminhará			

84 Língua Portuguesa

NOME: _____ DATA: _____

Tempos verbais

Vamos ler

Tristura de flor

Meu vasinho de violeta
tá quietinho, que azar!
Já **reguei**, elogiei.
Flor, que é bom,
não quer me dar...

Será que é de saudade
do meu lindo canarinho
que outro dia
se mudou
lá pro céu do Pardalzinho?

O jeito é dar um jeitinho
nesse problema,
depressa.
Eu "**conserto**" esse vasinho:
minha ideia é boa à beça...

Vou ler poemas pra ele
da Cecília e Roseana.
Se ele ainda fizer fita,
leio o Drummond...
e o Quintana!

Neusa Sorrenti. *Chorinho de riacho e outros poemas para cantar.* 2. ed. São Paulo: Formato Editorial, 2009. p. 30-31.

Os verbos apresentam três tempos: **presente, pretérito (passado)** e **futuro**.

Atividades

1 Classifique os verbos em destaque no poema de acordo com os tempos verbais a seguir.

Tempo presente	Tempo pretérito	Tempo futuro

Língua Portuguesa

Veja mais alguns tempos verbais:
- **pretérito perfeito**: a ação já ocorreu e foi totalmente terminada;
- **pretérito imperfeito**: a ação já ocorreu, mas não foi totalmente terminada;
- **pretérito mais-que-perfeito**: a ação ocorreu há muito tempo no passado, antes do pretérito perfeito;
- **futuro do presente**: a ação ocorrerá no futuro;
- **futuro do pretérito**: a ação que ocorreria no futuro.

2 Ligue os tempos verbais à conjugação correta do verbo **ficar**.

a) futuro do pretérito ●   ● ficava

b) futuro do presente ●   ● ficara

c) pretérito perfeito ●   ● ficará

d) pretérito imperfeito ●   ● ficou

e) pretérito mais-que-perfeito ●   ● ficaria

3 Sublinhe os verbos das frases a seguir e indique em que tempo verbal estão.

a) O Sol ilumina a Terra. _____

b) O pássaro pousou na árvore. _____

c) Portinari pintava em tela. _____

d) José desenhara no caderno. _____

e) Nós cantaremos no coral. _____

f) Andreia colheria as frutas hoje. _____

4 Forme frases com os verbos a seguir nos tempos indicados.

a) pulava

b) partiria

c) comeu

d) dormirá

86 Língua Portuguesa

Modos verbais

Vamos ler

Na língua portuguesa os verbos podem ser de três modos:
- **indicativo** – apresenta uma certeza, uma realidade. Exemplo: Ele acorda cedo;
- **subjuntivo** – apresenta uma dúvida, uma possibilidade. Exemplo: Espero que acorde cedo;
- **imperativo** – apresenta uma ordem, um pedido. Exemplo: Acordem rápido, crianças.

Atividades

1 Copie dos quadrinhos uma frase para cada modo verbal a seguir.

a) Indicativo:

_____

b) Subjuntivo:

_____

c) Imperativo:

_____

Língua Portuguesa 87

2 Classifique os verbos das frases a seguir de acordo com a legenda.

> **IND** – indicativo **SUB** – subjuntivo **IMP** – imperativo

a) ☐ Desligue o carro, por favor.

b) ☐ Chegamos ao parque, que maravilha!

c) ☐ Tome todo o suco, Alexandre.

d) ☐ Esperamos que conquiste o prêmio.

e) ☐ Dormirei mais cedo hoje.

f) ☐ Se Camila aceitasse minha ajuda...

3 Faça a correspondência entre as colunas.

1 indicativo ☐ Indica uma ordem, um pedido.

2 subjuntivo ☐ Indica um acontecimento real.

3 imperativo ☐ Indica uma incerteza ou dúvida.

4 Complete as frases com verbos no modo indicativo.

a) Eu e Amanda _____ no turno vespertino.

b) _____ uma coleção de figurinhas da seleção brasileira de futebol.

c) Ontem _____ um pedaço de empadão de frango.

d) Mamãe _____ ginástica todos os dias.

5 Complete as frases com verbos no modo subjuntivo.

a) Se eu _____ inglês, estudaria nos Estados Unidos.

b) Gostei do passeio! Talvez eu _____ mais tarde.

c) Se ela _____ ir ao cinema comigo...

d) Quando _____, peço que retorne minha ligação.

6 Complete as frases com verbos no modo imperativo.

a) _____ ao supermercado imediatamente.

b) Está escuro, _____ os faróis do carro.

c) _____ as atividades da escola.

d) Não _____ ali! É vaga para idosos.

88 Língua Portuguesa

NOME: _____ DATA: _____

Verbos regulares

Vamos ler

De onde é que eles vêm?

Já cansados de **brincar**
Resolveram **conversar**
Três crianças, irmãozinhos,
De três, quatro e cinco aninhos.

Disse a menor das três:
– De onde é que vêm os bebês?
– São colhidos no repolho,
Respondeu-lhe outro pimpolho.

– Que bobagem, seu pamonha,
Quem traz eles é a cegonha.
– Que ignorância, ó maninha,
Caçoou a maiorzinha.

E a caçula disse então:
– Cês não sabem nada não.
Pra mamãe vou **perguntar**,
Ela sim vai me **contar**.

Dito e feito – perguntou
E a mamãe lhe explicou:
– Os bebês, deixa que eu diga,
Saem de dentro da barriga

Das mamães! Mas, duvidando,
Grita a miúda, desafiando:
– É?! Pois prove, sem demora:
Me "vomite" um, agora!

Tatiana Belinky. *Cinco trovinhas para duas mãozinhas*. 2. ed.
São Paulo: Editora do Brasil, 2008. p. 15.

> **Verbos regulares** são aqueles que, quando conjugados, não sofrem alterações nos radicais e nas terminações, ou seja, são verbos que se encaixam em modelos fixos de conjugação verbal.

Atividades

1 Copie do poema os verbos regulares em destaque.

_____

2 Escolha um verbo da atividade anterior e elabore uma frase com ele.

_____

Língua Portuguesa 89

3 Complete a conjugação do verbo regular **vender**.

Modo indicativo	
Presente	**Futuro do presente**
Eu _____	Eu ___verderei___
Tu ___vendes___	Tu _____
Ele _____	Ele _____
Nós _____	Nós ___venderemos___
Vós _____	Vós _____
Eles ___vendem___	Eles _____

Modo subjuntivo	
Presente	**Pretérito imperfeito**
Que eu _____	Se eu ___vendesse___
Que tu ___vendas___	Se tu _____
Que ele _____	Se ele ___vendesse___
Que nós _____	Se nós _____
Que vós ___vendais___	Se vós ___vendêsseis___
Que eles _____	Se eles _____

Modo imperativo	
Afirmativo	**Negativo**
___Vende___ tu	Não ___vendas___ tu
_____ ele	Não _____ ele
___Vendamos___ nós	Não _____ nós
___Vendei___ vós	Não ___vendais___ vós
_____ eles	Não _____ eles

Língua Portuguesa

NOME: _____ DATA: _____

Um pouco mais sobre verbos regulares

Vamos ler

Apenas uma vez

Passarei por este mundo apenas uma vez
Por isso farei tudo para dar o melhor de mim
Procurarei ser forte nas adversidades, mesmo me sentindo fraco
Procurarei chorar com aqueles que choram, e me alegrar com os que se alegram
Farei da gentileza e da educação, numa força de hábito.
Não serei econômico nos elogios e nas palavras de incentivos, mas pouparei as críticas.
Não medirei esforços para servir ao meu próximo
[...]
Não deixarei passar nenhuma oportunidade de fazer o bem, ação esta que não excluirei, nem mesmo aqueles que desprezam.
Procurarei ser simples e humilde, sem me portar com inferioridade
Procurarei reconhecer as minhas fraquezas e limitações
Procurarei entender que nem o dinheiro, posição social, religiosa, etc. nos põem acima daqueles desprovidos dos mesmos.
Procurarei entender que somos todas iguais, independente de cor, raça, posição social, religião, etc.
Procurarei descobrir no meu próximo, não os seus defeitos mas suas qualidades.
Procurarei deixar nesta minha passagem, marcas que modelem homens e mulheres de bons exemplos.

Carlos Alberto Barreto (Coord.). *Artpoesia – Revista Cultural*, Salvador, ano XIII, n. 101, p. 20, 2012.

Atividades

1 Copie do texto dois verbos regulares.

_____

_____

2 Complete as frases empregando corretamente o verbo regular sugerido entre parênteses.

a) _____ as mãos com sabonete líquido. (lavar)

b) Gustavo _____ para Manaus de avião. (partir)

c) Vovô _____ as ovelhas da fazenda. (vender)

d) Economizei e _____ algumas moedas. (juntar)

Língua Portuguesa

3 Complete a conjugação do verbo regular **partir**.

Modo indicativo	
Pretérito perfeito	**Futuro do pretérito**
Eu parti	Eu _____
Tu _____	Tu partirias
Ele _____	Ele _____
Nós partimos	Nós _____
Vós _____	Vós partiríeis
Eles _____	Eles _____

Modo subjuntivo	
Futuro	**Pretérito imperfeito**
Quando eu _____	_____ partisse
Quando tu _____	Se tu _____
_____ partir	Se ele _____
Quando nós _____	Se nós _____
_____ partirdes	Se vós _____
Quando eles _____	Se eles _____

Modo imperativo	
Afirmativo	**Negativo**
_____ tu	Não partas tu
Parta ele	Não _____ ele
_____ nós	Não _____ nós
Parti vós	Não _____ vós
_____ eles	Não _____ eles

NOME: _____ DATA: _____

Revisando verbos regulares

Vamos ler

Pão da vovó

Ingredientes:

- 2 xícaras de farinha de trigo;
- 1 ovo inteiro;
- 1 colher de sopa de açúcar;
- 1 copo de leite;
- 1 colher de sopa de manteiga;
- 1 colher de sopa de fermento biológico;
- ½ colher de café de sal;
- 1 gema para pincelar.

Modo de preparo

1. Coloque a farinha em uma tigela e junte todos os outros ingredientes.
2. Amasse com as mãos até a mistura ficar homogênea.
3. Deixe descansar por 30 minutos.
4. Unte uma assadeira e polvilhe com farinha de trigo.
5. Faça bolinhas e coloque-as na assadeira.
6. Pincele os pães com gema de ovo.
7. Coloque para assar em forno médio por 15 minutos.

Atividades

1 Copie da receita cinco verbos regulares.

_____

_____

2 Passe para o futuro do presente as frases a seguir. Siga o exemplo.

a) A professora **chegava** cansada.
   A professora **chegará** cansada.

b) Ela viveu na Bahia por muitos anos.

_____

c) Passei manteiga no pão quentinho.

_____

d) Nós tiramos os bolos do forno rapidamente.

e) Papai gostou da surpresa de Bianca.

3 Observe os verbos em destaque nas frases a seguir e classifique-os de acordo com a legenda.

1	pretérito perfeito
2	pretérito imperfeito
3	pretérito mais-que-perfeito
4	futuro do pretérito

☐ Ele **cantara** divinamente.

☐ Elas **partiram** para São Paulo.

☐ Tu **gritaste** muito alto.

☐ Eu e Caio **vendíamos** imóveis.

☐ Nós **amamos** sua companhia.

☐ Vovó **dormiria** na minha casa.

4 Passe as frases do **pretérito imperfeito** para o **pretérito perfeito**. Veja o exemplo.
 a) Tu **partias** depois do almoço.
    Tu **partiste** depois do almoço.
 b) Nós estudávamos antes de dormir.

 c) João jantava às 20 horas.

 d) Elas ouviam a música romântica.

 e) Papai vendia muitos carros na loja.

5 Forme frases usando os verbos regulares nos tempos indicados a seguir.
 a) caminhar (futuro do pretérito)

 b) comer (pretérito mais-que-perfeito)

 c) viver (futuro do presente)

Língua Portuguesa

NOME: _____ DATA: _____

Revisando o gerúndio

Vamos ler

A sombra

Estou atrasado, lá vou eu correndo
e a sombra atrás...
Pé-pra-que-te-quero, a língua de fora
e a sombra atrás...

Vou achar um pé de ventania
para escapar dessa mania
de fugir da sombra todo dia
e noite
como um bicho-papão...

Pé de anjo, pé de pato e pano,
pé de chinelo sem pé-de-meia,
perambulando,
pererecando
por aí...

Estou adiantado, lá vou eu pensando
e a sombra atrás...
Olho no relógio, está atrasado,
e a sombra atrás...

Logo quando eu chegar em casa
vou é me amarrar no pé da cama
e no pé do ouvido dessa sombra
Protestar
[...]

Antônio Barreto. *Brincadeiras de anjo*. 5. ed. São Paulo: FTD, 1996. p. 10.

Atividades

1 Copie do poema todos os verbos que estão no gerúndio.

_____

2 Numere a segunda coluna de acordo com a primeira.

1	componho	☐ tropeçar
2	cobrindo	☐ fazer
3	decorando	☐ compor
4	correndo	☐ decorar
5	tropeçando	☐ cobrir
6	fazendo	☐ correr

Língua Portuguesa 95

3 Os verbos a seguir estão no gerúndio. Utilize-os para completar as frases.

> subindo – dirigindo – provando – comendo – dizendo – tocando

a) Lucia ficou _____ as roupas na loja.

b) Elas estavam _____ pipoca no cinema.

c) O gato estava _____ no telhado do vizinho.

d) O músico estava _____ piano.

e) Papai veio _____ o caminhão a noite toda.

f) Os meninos estavam _____ palavrões.

4 Escreva um verbo no gerúndio para cada ação ilustrada a seguir.

a) _____

c) _____

e) _____

b) _____

d) _____

f) _____

5 Escolha quatro verbos no gerúndio utilizados na atividade anterior e forme duas frases com cada um.

a) _____

b) _____

c) _____

d) _____

Língua Portuguesa

NOME: _____ DATA: _____

Verbos irregulares

Vamos ler

Maneira de amar

O jardineiro conversa com as flores, e elas se habituaram ao diálogo. Passava manhãs contando coisas a uma cravina ou escutando o que lhe confiava um gerânio. O girassol não **ia** muito com sua cara, ou porque não **fosse** homem bonito, ou porque os girassóis são orgulhosos de natureza.

Em vão o jardineiro tentava captar-lhe as graças. Pois o girassol chegava a voltar-se contra a luz para não **ver** o rosto que lhe sorria. Era uma situação bastante embaraçosa, que as outras flores não comentavam. Nunca, entretanto, o jardineiro deixou de regar o pé de girassol e de renovar-lhe a terra, na ocasião devida.

O dono do jardim achou que seu empregado perdia muito tempo parado diante dos canteiros, aparentemente não **fazendo** coisa alguma. E mandou-o embora, depois de assinar a carteira de trabalho.

Depois que o jardineiro saiu, as flores ficaram tristes e censuravam-se porque não **tinham** induzido o girassol a mudar de atitude. A mais triste de todas era o girassol, que não se conformava com a ausência do homem. "Você o tratava mal, agora **está** arrependido?" "Não", respondeu, "**estou** triste porque agora não **posso** tratá-lo mal. **É** a minha maneira de amar, ele **sabia** disso, e gostava."

Carlos Drummond de Andrade. *A cor de cada um*. 12. ed. Rio de Janeiro: Record, 2007. p. 30.

> **Verbos irregulares** são aqueles que, quando conjugados, sofrem alterações nos radicais ou nas terminações, ou seja, são verbos que não se encaixam nos modelos fixos de conjugação verbal.

Atividades

1 Copie os verbos irregulares em destaque no texto.

_____

2 Complete as frases com um dos verbos irregulares indicados entre parênteses.

a) Eu não _____ comparecer à consulta médica. (fui/pude)

b) _____ que não gosto de dançar. (irei/direi)

c) Nós _____ uma decoração nova. (queremos/valemos)

d) Ana _____ um cachorro de presente para mim. (fez/trouxe)

Língua Portuguesa

3 Complete a conjugação do verbo irregular **ser**.

Indicativo		
Presente	Pretérito imperfeito	Pretérito perfeito
Eu _____	Eu ____era____	Eu ____fui____
Tu ____és____	Tu _____	Tu _____
Ele _____	Ele _____	Ele _____
Nós _____	Nós ____éramos____	Nós _____
Vós _____	Vós _____	Vós ____fostes____
Eles _____	Eles _____	Eles _____

Subjuntivo		
Presente	Pretérito imperfeito	Futuro
Que eu ____seja____	Se eu _____	Quando eu _____
Que tu _____	Se tu ____fosses____	Quando tu _____
Que ele _____	Se ele _____	Quando ele ____for____
Que nós ____sejamos____	Se nós _____	Quando nós _____
Que vós _____	Se vós ____fôsseis____	Quando vós ____fordes____
Que eles _____	Se eles _____	Quando eles _____

Imperativo	
Afirmativo	Negativo
_____ tu	Não sejas tu
_____ ele	Não _____ ele
Sejamos nós	Não _____ nós
_____ vós	Não ____sejais____ vós
_____ eles	Não _____ eles

Língua Portuguesa

NOME: _____ DATA: _____

Um pouco mais sobre verbos irregulares

Vamos ler

Aluga-se um lugar
onde possa montar um bazar
para atender aos mais variados desejos!

Lá quem quiser poderá encontrar
um farol em alto-mar
e dele fazer a sua secreta morada.

Lá quem quiser poderá encontrar
pequenos frascos de essências silvestres
para perfumar a alma em dias de festa
e sonhos miúdos, muito úteis
para as segundas-feiras.

Haverá, também, caminhos cobertos de musgo
invisíveis a olho nu
e carretel de fio de teia
ideal para aprisionar segredos.

Um pouco de tudo terá esse bazar
e quem quiser participar
precisa apenas saber sonhar.

Roseana Murray. *Classificados poéticos*. 4. ed. São Paulo: Moderna, 2010. p. 21.

Atividades

1. Circule no poema os verbos irregulares.

2. Numere a segunda coluna de acordo com a primeira.

1	sereis	[ ] pretérito imperfeito do subjuntivo
2	tinham	[ ] pretérito perfeito do indicativo
3	tivéssemos	[ ] futuro do presente do indicativo
4	estou	[ ] presente do indicativo
5	houve	[ ] pretérito imperfeito do indicativo

3 Reescreva as frases a seguir colocando o verbo na 1ª pessoa do plural. Siga o exemplo.

a) Amanhã irei à praia com minhas amigas.
   Amanhã iremos à praia com minhas amigas.

b) Estou com dor de dente desde ontem.
   _____

c) Amanhã farei uma omelete caprichada.
   _____

d) Ele diz a verdade a você.
   _____

e) Fui nadar no clube nesta manhã.
   _____

4 Conjugue os verbos irregulares **querer** e **dizer** nos tempos indicados.

Presente do indicativo	
Querer	**Dizer**
Eu _____	Eu _____
Tu _____	Tu _____
Ele _____	Ele _____
Nós _____	Nós _____
Vós _____	Vós _____
Eles _____	Eles _____

Futuro do presente do indicativo	
Querer	**Dizer**
Eu _____	Eu _____
Tu _____	Tu _____
Ele _____	Ele _____
Nós _____	Nós _____
Vós _____	Vós _____
Eles _____	Eles _____

Língua Portuguesa

NOME: _____ DATA: _____

Revisando verbos irregulares

Vamos ler

A velha e suas criadas

Uma viúva econômica e zelosa **tinha** duas empregadas. As empregadas da viúva trabalhavam, trabalhavam e trabalhavam. De manhã bem cedo **tinham** de pular da cama, pois sua velha patroa **queria** que começassem a trabalhar assim que o galo cantasse. As duas detestavam ter de levantar tão cedo, especialmente no inverno, e achavam que se o galo não acordasse a patroa tão cedo talvez **pudessem** dormir mais um pouco. Por isso pegaram o galo e torceram seu pescoço. Mas não **estavam** preparadas para as consequências do que **fizeram**. Porque o resultado foi que a patroa, sem o despertador do galo, passou a acordar as criadas mais cedo ainda e **punha** as duas para trabalhar no meio da noite.

Moral: Muita esperteza nem sempre dá certo.

Fábula de Esopo.

Atividades

1. Leia os verbos irregulares destacados na fábula e copie-os no lugar correto da tabela.

Ter	Querer	Poder

Estar	Fazer	Pôr

Língua Portuguesa 101

2 Complete a tabela conjugando os verbos irregulares apresentados no modo indicativo.

Estar		
Presente	Pretérito perfeito	Futuro do pretérito
Eu _____	Eu estive	Eu _____
Tu estás	Tu _____	Tu estarias
Ele _____	Ele _____	Ele _____
Nós _____	Nós _____	Nós _____
Vós estais	Vós _____	Vós estaríeis
Eles _____	Eles estiveram	Eles _____

Saber		
Presente	Pretérito perfeito	Futuro do pretérito
Eu sei	Eu _____	Eu _____
Tu _____	Tu _____	Tu saberias
Ele sabe	Ele soube	Ele _____
Nós _____	Nós _____	Nós _____
Vós sabeis	Vós _____	Vós saberíeis
Eles _____	Eles souberam	Eles _____

3 Passe os verbos das frases a seguir para o **futuro do pretérito do indicativo**. Veja o exemplo.
a) Se eu pudesse, **ia** ao teatro hoje.
   Se eu pudesse, **iria** ao teatro hoje.
b) Se fosse mais cedo, **saía** para caminhar contigo.
   _____
c) Se não estivesse trabalhando, **tinha** viajado no fim de semana.
   _____
d) Se não fosse longe, **estava** com ele.
   _____

4 Circule nas frases a seguir apenas os verbos irregulares.
a) Nós estivemos em Portugal no mês passado.
b) Nós viveremos felizes para sempre.
c) Nós seremos vencedores desta competição.
d) Nós iremos passear no final do dia.
e) Nós dividimos um chocolate grande.

Língua Portuguesa

NOME: _____ DATA: _____

O verbo PÔR

Vamos ler

O tigre de bengala banguela
Uma vez, num grande circo,
um tigre
de bengala
banguela
pôs roupa
de gala
listrada
e foi em busca do dentista
no fim da avenida Paulista:
– Meus óculos
não têm aro
nem lente
e por mais
que tente
não vejo
o dente.
Desconfio que és desdentado,
disse o dentista, desolado
O tigre
de bengala
de gala
abriu
a goela
de mágoa
e engrolou palavras estranhas.

Sérgio Caparelli. *Boi da cara preta*. 36. ed. Porto Alegre: L&PM, 2010. p. 19.

Atividades

1 Copie do texto o verbo em destaque.

_____

Língua Portuguesa 103

2 A forma verbal **pôs** pertence a um verbo da segunda conjugação. Circule esse verbo no infinitivo.

pegar   perguntar   pôr

3 Complete a conjugação do verbo regular **pôr**.

Modo indicativo		
Presente	Pretérito perfeito	Futuro do presente
Eu ponho	Eu _____	Eu porei
Tu pões	Tu _____	Tu _____
Ele _____	Ele pôs	Ele porá
Nós _____	Nós _____	Nós _____
Vós pondes	Vós pusestes	Vós _____
Eles _____	Eles _____	Eles _____

4 Conjugue o verbo **pôr** de acordo com o pronome indicado e reescreva as frases. Veja o exemplo.

a) Eu pus o prato na pia.

b) Tu _____.

c) Ele _____.

d) Nós _____.

e) Vós _____.

f) Eles _____.

5 Faça a correspondência entre as colunas.

1 eu   **2** tu   **3** ele   **4** nós   **5** vós   **6** eles

☐ poria   ☐ poriam   ☐ poria   ☐ poríeis   ☐ porias   ☐ poríamos

6 Indique as formas nominais do verbo **pôr**.

Infinitivo	Gerúndio	Particípio

Língua Portuguesa

NOME: _____ DATA: _____

Verbos auxiliares

Vamos ler

Luz de dentro ou de fora?

Vitor **era** um menino levado da breca.

Brincava o dia todo mas, quando a noite chegava, ele arregalava bem os olhos e ficava brincando com o sono.

– **Está** na hora de criança ir para a cama – dizia a mamãe.

– Ainda não... deixa eu ficar aqui só mais um pouquinho – pedia o menino.

E dali a pouco já estava cochilando no sofá.

O papai pegava-o no colo e levava-o para cama com todo cuidado, sem fazer barulho.

– Não apaga a luz! – gritava o menino – Não apaga a luz!

– Mas onde já se viu dormir de luz acesa? – dizia o papai.

Às vezes eles o levavam para o quarto deles, até **terem** a certeza de que já **estava** mesmo dormindo.

Mas ao colocá-lo de novo na sua cama:

– Acende a luz! Acende a luz! – gritava Vitor aos berros.

Vovó, preocupada, trazia-lhe um copo de água com açúcar.

Papai passava a mão na sua cabecinha.

Mamãe ficava cantando canções de ninar até ele dormir.

Mas no dia seguinte era a mesma confusão de sempre.

[...]

Nye Ribeiro Silva. *Luz de dentro ou de fora?* São Paulo: Editora do Brasil, 2000. p. 4 e 6.

> **Verbos auxiliares** são aqueles que auxiliam a conjugação de outros verbos, formando tempos compostos. Os verbos auxiliares mais usados são: **ser, estar, ter** e **haver**.

Atividades

1 Copie do texto os verbos auxiliares destacados.

a) Ser: _____.

b) Estar: _____.

c) Ter: _____.

Língua Portuguesa 105

2 Encontre no diagrama quatro verbos auxiliares.

E	W	Z	K	S	H	A	V	E	R
S	E	R	T	E	R	B	A	K	O
T	T	Á	Ç	E	F	P	U	R	Ô
A	Ç	J	S	E	R	Ç	D	B	N
R	D	P	Y	S	T	U	L	W	I

3 Circule os verbos auxiliares das frases a seguir.

a) Maria está olhando as flores do jardim.

b) Hei de exigir uma recompensa pelo trabalho que fiz.

c) Tenho de trabalhar amanhã o dia todo.

d) Muitos hão de participar da festa de formatura.

e) As crianças estão brincando de pega-pega.

4 Faça a correspondência entre as colunas.

1	verbos regulares
2	verbos irregulares
3	verbos auxiliares e irregulares

☐ pôr
☐ estar
☐ partir
☐ ser

☐ cantar
☐ vender
☐ ir
☐ saber

5 Complete a tabela conjugando no modo indicativo os verbos auxiliares apresentados.

Futuro do pretérito do indicativo	
Ter	**Haver**
Eu teria	Eu
Tu	Tu
Ele	Ele
Nós	Nós
Vós	Vós
Eles	Eles

Língua Portuguesa

Um pouco mais sobre verbos auxiliares

Vamos ler

A criação da noite

No princípio, não havia noite. Só existia o dia. A noite estava guardada no fundo das águas.

Aconteceu, porém, que a filha da Cobra Grande se casou e disse ao marido:

— Meu marido, estou com muita vontade de ver a noite.

— Minha mulher, há somente o dia, respondeu ele.

— A noite existe, sim! Meu pai guarda-a no fundo do rio. Mande seus criados buscá-la.

Os criados embarcaram numa canoa e partiram em busca da noite. Chegando à casa da Cobra Grande, transmitiram-lhe o pedido da filha. Receberam então um coco de tucumã com o seguinte aviso:

— Muito cuidado com este coco. Se ele se abrir, tudo ficará escuro e todas as coisas se perderão.

No meio do caminho, os criados ouviram, dentro do coco, um barulho assim *xé-xé-xé... tém-tém-tém...* Era o ruído dos sapos e grilos, que cantam de noite. Mas os criados não sabiam disso e, cheios de curiosidade, abriram o coco de tucumã. Nesse momento, tudo escureceu.

A moça, em sua casa, disse ao marido:

— Seus criados soltaram a noite. Agora, não teremos mais dia, e todas as coisas se perderão.

Então, todas as coisas que estavam na floresta se transformaram em animais e pássaros. E as coisas que estavam espalhadas pelo rio transformaram-se em peixes e patos.

O marido da filha da Cobra Grande ficou espantado. E perguntou à esposa:

— Que faremos? Precisamos salvar o dia!

A moça arrancou, então, um fio dos seus cabelos, dizendo:

— Não tenha receio. Com este fio vou separar o dia e a noite. Feche os olhos... Pronto!... Agora, pode abrir os olhos. Repare: a madrugada já vem chegando. Os pássaros cantam, alegres, anunciando o sol.

Mas, quando os criados voltaram, a filha da Cobra Grande ficou furiosa. E os transformou em macacos, como castigo pela sua infidelidade.

Assim nasceu a noite.

Teobaldo Miranda Santos. *Lendas e mitos do Brasil*. 9. ed. São Paulo: Companhia Editora Nacional, 1985. p. 15-16.

Atividades

1. Circule na lenda os verbos auxiliares e copie-os a seguir.

2 Complete as tabelas conjugando os verbos auxiliares **ter** e **haver**.

Ter		
Indicativo		
Presente	Pretérito perfeito	Pretérito imperfeito
Eu _____	Eu tive	Eu _____
Tu tens	Tu _____	Tu _____
Ele _____	Ele _____	Ele tinha
Nós _____	Nós _____	Nós _____
Vós tendes	Vós _____	Vós tínheis
Eles _____	Eles tiveram	Eles _____

Haver		
Subjuntivo		
Presente	Pretérito imperfeito	Futuro
Que eu haja	Se eu _____	Quando eu _____
Que tu _____	Se tu houvesses	Quando tu _____
Que ele _____	Se ele _____	Quando ele houver
Que nós _____	Se nós houvéssemos	Quando nós _____
Que vós hajais	Se vós _____	Quando vós _____
Que eles _____	Se eles _____	Quando eles houverem

3 Complete as frases com verbos **ser**, **estar**, **ter** e **haver**.

a) Paulo _____ lendo um livro interessante.
b) Amanhã _____ jogo na quadra de basquete.
c) _____ trabalhando muito nesta semana.
d) Eles _____ assistindo à novela.
e) Amanda _____ uma atleta olímpica.
f) Vocês _____ de vencer a corrida.
g) Tu _____ com ele ao *shopping*?

4 Complete as frases com a conjugação correta do verbo **ser**.

a) Eu _____ muito estudiosa.
b) Tu _____ uma garota muito elegante.
c) Ele _____ meu amigo de escola.
d) Nós _____ soteropolitanas, pois nascemos em Salvador.
e) Vós _____ gentil e respeitoso.
f) Eles _____ trabalhadores.

Língua Portuguesa

Palavras com S e Z

Vamos ler

Recompensa

Voou
por engano
uma flor.
Não sei se voou
um **mês**
ou se voou
um ano,
mas seja como for
voou uma **vez**,
duas, **três**,
uma flor.

Entrou
na escola
e descansou
na sacola
preta
preta

do menino branco
que estava no banco
e lhe chamou
borboleta.

E a borboleta
para agradecer
abriu a sacola
e ajudou o menino a fazer
os exercícios da escola.

Sidónio Muralha. *A televisão da bicharada*. 12. ed. São Paulo: Global, 2003. p. 30.

Atividades

1. Copie as palavras em destaque no poema e observe o som e a escrita delas.

2. Elabore uma frase com cada palavra da atividade anterior.

a)

b)

c)

Língua Portuguesa

3 Organize as palavras a seguir na coluna correta da tabela.

timidez   paz   quiseram   asilo
brasa   talvez   voz   rapaz
traz   mariposa atraso
feliz   parmesão puseste

Letra Z com som de S	Letra S com som de Z

4 Complete as palavras com **s** ou **z** e escreva-as.

a) paraí____o _____

b) bele____a _____

c) mu____eu _____

d) vo____ _____

e) bu____ina _____

f) mú____ica _____

g) te____ouro _____

h) mole____a _____

5 Escreva o nome das figuras.

a) _____

c) _____

e) _____

b) _____

d) _____

f) _____

Língua Portuguesa

NOME: _____ DATA: _____

Um pouco mais sobre linguagem formal e linguagem informal

Vamos ler

Anúncio de jornal

Com um friozinho na barriga e os dedinhos em figa, o menino entregou seu anúncio ao moço do jornal:

— É tudo isso aqui? — perguntou o homem.

— É, moço! Com **vó** se fala muito.

— Posso ler?

— Não! Só minha avó...

— Mas preciso, para poder escrever no jornal.

— Então **tá**.

Vovó Luísa,

Vó, **tô** *botando este anúncio no jornal, porque tem um bichinho, aqui dentro de mim, que não me deixa em paz.*

Papai falou que era saudade e deu a ideia do anúncio no jornal, já que é difícil **a gente** *se encontrar...*

[...]

Regina Siguemoto. *Anúncio de jornal*. São Paulo: Editora do Brasil, 1996. p. 2-4.

Atividades

1 Assinale o tipo de linguagem utilizada no anúncio feito pelo menino.

a) ☐ linguagem formal   b) ☐ linguagem informal

2 Copie do texto as palavras informais em destaque.

_____

3 Reescreva as palavras da atividade anterior em linguagem formal.

a) vó: _____   c) tô: _____

b) tá: _____   d) a gente: _____

Língua Portuguesa

4 Passe as frases da linguagem informal para a linguagem formal. Siga o exemplo.

a) A gente quer.
Nós queremos.

b) A gente brinca.
_____

c) O carro é da gente.
_____

d) Aquele bolo é da gente.
_____

e) Esta casa é da gente.
_____

f) A gente estuda.
_____

5 Passe as frases para a linguagem formal e para o plural. Siga o exemplo.

a) A galera foi calmamente votar na eleição.
   As pessoas foram calmamente votar nas eleições.

b) A gente toma banho de piscina.
_____

c) A galera caminha em direção ao estádio.
_____

d) A gente cantou o Hino Nacional.
_____

e) A gente brinca de bola.
_____

6 Escreva duas frases usando a linguagem informal e reescreva-as na linguagem formal.

■ Linguagem informal

a) _____

b) _____

■ Linguagem formal

a) _____

b) _____

NOME: _____ DATA: _____

Advérbios

Vamos ler

No tempo dos meus bisavós

No tempo dos meus bisavós, tudo era **muito** diferente...
Tinha máquina de escrever, mas **não** havia computador **nem** *notebook*. E as pessoas tinham de carregar aquelas máquinas enormes e pesadas para os lugares **aonde** iam.

Não havia caixa eletrônico como **hoje**. E a maioria das pessoas guardava o seu dinheiro **debaixo** do colchão. Só nas cidades grandes é que existia banco com caderneta de poupança.

Algumas casas tinham vitrola, ou gramofone à manivela. E **não** havia aparelho de som, **nem** CD, **nem** DVD, **nem** MP3. [...]

O correio tinha um grande movimento, e as cartas demoravam dias, semanas, às vezes meses, para chegar ao seu destino. Fax? Imagine! E **nem** se pensava em *e-mail*, muito **menos** em redes sociais para um bate-papo gostoso com amigos distantes. Internet era coisa de outro mundo! [...]

No tempo dos meus bisavós **não** existia carro **nem** moto. Para ir de um lugar a outro, quando as distâncias eram muito grandes, as pessoas viajavam a cavalo ou usavam charretes. [...]

Imaginem que naquele tempo **ainda nem** existia asfalto. As ruas eram de terra ou de paralelepípedo. Mas, em compensação, as crianças podiam ficar brincando até **tarde** nas ruas. Brincavam de pega-pega, de roda, de esconde-esconde, passa-anel, barra-manteiga. E **só** iam para casa na hora de dormir. Mas **ainda nem** sonhavam com o *video game*! [...]

Tem gente que diz que hoje tudo é melhor e **mais** moderno. Mas quando meus bisavós contam as histórias do seu tempo, eu fico sem saber se seria melhor ter nascido naquela época ou ter nascido **agora**.

Acho que cada tempo tem suas coisas boas e seus desafios. O que eu preciso é descobrir as coisas boas do meu tempo!

Nye Ribeiro. *No tempo dos meus bisavós*. 2. ed. São Paulo: Editora do Brasil, 2013. p. 4-5, 8, 18, 21 e 23.

> **Advérbio** é uma palavra invariável que modifica o sentido do verbo e indica circunstâncias de lugar, tempo, modo, afirmação, dúvida, intensidade etc.

Atividades

1 Circule no texto cinco advérbios e copie-os a seguir.

_____

_____

Língua Portuguesa

2 Numere a segunda coluna de acordo com a primeira.

1	afirmação		não, nem, nunca
2	dúvida		aqui, lá, dentro, fora
3	intensidade		hoje, cedo, depois, agora
4	lugar		sim, certamente, claro
5	modo		bem, suavemente, mal, devagar
6	negação		talvez, provavelmente, porventura
7	tempo		muito, demais, menos

3 Complete as frases com advérbios.

a) Já é _____ tarde, vamos dormir.

b) A bailarina _____ dançou bonito.

c) A bola está _____ do sofá.

d) _____ iremos à praia.

e) Você colocou _____ sal na comida.

4 Transforme as palavras destacadas em advérbios de modo. Siga o exemplo.

a) Ele cuida **com carinho**.
   Ele cuida **carinhosamente**.

b) Vovó trabalha **com alegria**. _____

c) Júlia estuda **em silêncio**. _____

d) Ana fala **com calma**. _____

5 Circule os advérbios das frases a seguir e classifique-os.

a) Não gosto deste vestido verde. _____

b) Provavelmente iremos comprar seu presente. _____

c) Papai chegou tarde do trabalho. _____

d) Acordei meu cachorrinho carinhosamente. _____

e) Com certeza estarei presente em sua formatura. _____

f) Gosto muito de conhecer outros países. _____

g) Coloquei a comida do gato lá fora. _____

h) Pelo calendário não haverá aula de Educação Física. _____

i) Vamos brincar, depois terminaremos as tarefas. _____

Língua Portuguesa

NOME: _____ DATA: _____

Interjeições

Vamos ler

Interjeição é a palavra invariável que exprime emoção, sensação, ordem, apelo, estado de espírito etc. Normalmente pode ser compreendida sozinha, sem o auxílio de nenhuma outra palavra ou frase.

Atividades

1 Copie as interjeições que aparecem nos quadrinhos.

_____

Língua Portuguesa

2 Numere a segunda coluna de acordo com a primeira.

1	medo		Ah! Viva! Oba! Iupi!
2	admiração		Ufa! Ah!
3	alegria		Tomara! Oxalá!
4	estímulo		Xi! Arre! Fora!
5	apelo		Adeus! Tchau!
6	desejo		Força! Avante! Coragem!
7	silêncio		Ai! Ui!
8	dor		Bravo! Muito bem! Viva!
9	aplauso		Socorro! Piedade!
10	aversão		Cruzes! Credo! Oh!
11	alívio		Psiu! Calado!
12	despedida		Nossa! Puxa! Uai!

3 Classifique as interjeições a seguir.

a) Socorro! Piedade! _____
b) Oba! Viva! _____
c) Psiu! Calado! _____
d) Força! Coragem! _____
e) Bravo! Muito bem! _____

4 Complete as frases usando interjeições apropriadas.

a) _____ Começou a brincadeira!
b) _____ Está doendo muito.
c) _____ O bebê está dormindo.
d) _____ É um animal feroz.
e) _____ Que linda apresentação!
f) _____ Espero que seu sonho se realize.

5 Observe as cenas e complete os balões de fala com interjeições.

116 Língua Portuguesa

NOME: _____ DATA: _____

Há cerca de, a cerca de e acerca de

Vamos ler

Mistério

— Oi, vizinho! **Há cerca de** alguns dias, quero lhe falar **acerca de** uma **cerca** que colocaram nas minhas terras.

— A **cerca** não é de arame, nem de corda, não é de pau... A **cerca** é de tela.

— Conversei com o Prefeito **acerca de** cumprir a promessa sobre o desvio do rio e sobre a **cerca** de tela.

— Ele nada soube explicar.

— Precisamos ficar unidos, **há cerca de** dez anos já estávamos pensando no desvio do rio, que trará grande desenvolvimento para nossa cidade.

Só falta descobrir o mistério da **cerca**.

Prof. Vladimir Cajado de Castro.

Há cerca de indica tempo decorrido, equivale a "faz aproximadamente". Por exemplo: Vivo nesta cidade há cerca de dois anos.
A cerca de indica aproximação, equivale a "próximo de". Por exemplo: A farmácia fica a cerca de 100 metros da padaria.
Acerca de equivale a "sobre", "a respeito de". Por exemplo: Discutiram acerca de política.

Atividades

1 Ligue os termos ao significado correto.

a) a cerca de ●   ● Fileiras de estacas ou tábuas.

b) cerca ●   ● Indica tempo decorrido.

c) acerca de ●   ● É sinônimo de "a respeito de".

d) há cerca de ●   ● Indica aproximação.

Língua Portuguesa

2 Em cada item, marque um **X** na frase em que o uso da expressão em destaque está correto.

- **a cerca de**

a) ☐ Escrevemos a cerca de religião.

b) ☐ A cerca de um mês eu viajei.

c) ☐ Vire à direita a cerca de 30 metros.

- **acerca de**

a) ☐ Falamos acerca de nossos brinquedos.

b) ☐ Moro acerca de 20 metros daqui.

c) ☐ Vou encontrá-lo acerca de uma hora.

- **há cerca de**

a) ☐ Retire há cerca de cima do beiral.

b) ☐ Moro há cerca de 100 metros da escola.

c) ☐ Eu nasci há cerca de trinta anos.

3 Encontre no diagrama as palavras em destaque no texto.

Procura-se

Há cerca de um **mês** procuro meu cachorro **Toy**. Um **cãozinho** de pelos pretinhos. Ele pulou uma **cerca** próxima de nossa casa e fugiu. Já o procuramos em todos os lugares.

Há cerca de uma semana alguém o viu passeando no centro da **cidade** de **Petrolina**, onde moramos.

Conversamos com muitas pessoas **acerca** do desaparecimento de Toy e até levamos uma fotografia. Estamos confiantes de que em breve o encontraremos.

Eliana Almeida.

H	W	P	R	E	C	I	S	C	A	M
Á	E	E	B	Y	I	B	A	Ã	Q	Ê
C	T	T	O	Y	D	A	B	O	K	S
E	Ç	R	K	L	A	C	D	Z	N	S
R	D	O	A	S	D	E	L	I	I	C
C	R	L	Q	C	E	R	C	N	B	E
A	P	I	X	P	O	C	G	H	D	R
D	K	N	Y	N	N	A	E	O	S	C
E	S	A	M	B	Ô	L	Ç	W	Y	A

118 Língua Portuguesa

Preposições

Vamos ler

Viagens ao sol

O sol não se deita como eu deito,
Repousando a cabeça **em** seu leito;
Ele circula **pela** terra **de** mansinho,
E pela manhã retorna bem cedinho.

Em nosso jardim, em dia radiante,
Brincamos **sob** um sol ofuscante,
Enquanto **no** Japão crianças rezam,
Ou beijos de boa-noite já levam.

Quando **à** noitinha eu começo **a** jantar,
Bem pra lá **do** oceano o sol vai clarear,
Com as crianças todas lá do Oriente,
Já arrumadas, escovando seus dentes.

Robert Louis Stevenson. *Um jardim de poemas infantis.* Porto Alegre: Sulina, 1999. p. 31.

> **Preposição** é a palavra invariável que liga dois termos da frase, estabelecendo uma relação entre eles. Estas são as principais preposições da língua portuguesa: **a, ante, após, até, com, contra, de, desde, em, entre, para, perante, por, sem, sob, sobre.**
> As preposições **a, de, em** e **por** podem se unir a determinadas palavras, formando um só vocábulo.

Atividades

1 Copie do poema as preposições em destaque.

_____

2 Junte as preposições às palavras indicadas e escreva-as. Siga o exemplo.

a) a + o = ao

b) de + esse = _____

c) por + o = _____

d) de + o = _____

e) de + ele = _____

f) em + o = _____

g) em + ele = _____

h) de + onde = _____

3 Sublinhe as preposições nas frases a seguir.

a) Estou com muita fome hoje.

b) Trabalharei até as 18 horas de amanhã.

c) A boneca é de Raiana.

d) Estou te esperando desde cedo.

e) Comprei um sapato para você.

f) O gatinho dorme sob a sombra da árvore.

g) Estou morando em São Paulo.

h) O livro está sobre a mesa da sala.

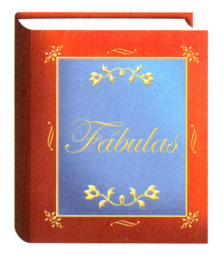

4 Complete as frases com as preposições indicadas no quadro.

> por – com – entre – até – contra – após

a) Tomei café _____ leite.

b) Vou dormir _____ o jantar.

c) O rio fica _____ as montanhas.

d) Oramos _____ vocês.

e) Meu time jogará _____ o seu.

f) Estudei _____ as 20 horas.

5 Reescreva as frases substituindo **sobre** por **em cima** e **sob** por **embaixo**.

a) Coloquei meu chapéu sobre a minha cama.

_____

b) O sapato está sob a mesa.

_____

c) Os pássaros cantam sobre as árvores.

_____

d) O dinheiro caiu sob a mesa.

_____

6 Escreva duas frases: uma com a preposição **para** e uma com a preposição **em**.

a) _____

_____

b) _____

_____

Língua Portuguesa

NOME: _____ DATA: _____

Conjunções

Vamos ler

Golnar engana os macacos

Era uma vez uma jovem chamada Golnar, cujo trabalho era viajar de cidade em cidade, vendendo chapéus para senhoras ricas.

Certa tarde de verão, Golnar atravessava uma longa **e** monótona planície, quando se sentiu cansada e resolveu tirar um cochilo. Encontrou uma mangueira, colocou o saco com chapéus ao seu lado, deitou-se na sombra refrescante da árvore e dormiu.

Ao acordar, descobriu **que** todos os chapéus haviam sumido.

– Não! Não! – disse para si mesma. – Com tanta gente rica por aí, por que os ladrões decidiram roubar uma pobre jovem e uma mercadoria de tão pouco valor?

Ao olhar para cima, **porém**, viu que a mangueira estava repleta de macacos, todos usando os seus chapéus.

Golnar gritou irritada para os macacos, que **também** retornaram seu grito. Golnar fez sinais agressivos com as mãos, e os macacos a imitaram. Saltou para ver se conseguia pegar alguns deles, **mas** os macacos também saltaram. Começou a jogar pedras na direção da árvore, mas recebeu de volta uma chuva de mangas que os bichos lhe atiraram.

– Que droga! Nunca vou conseguir recuperar minha mercadoria! – gritou. Irritada, ela jogou seu chapéu no chão e – qual a sua surpresa – todos os macacos fizeram a mesma coisa. Rapidamente, Golnar recolheu tudo e seguiu seu caminho.

A jovem contou a sua história na cidade seguinte e "Golnar engana os macacos" tornou-se uma lenda muito conhecida na região, tão conhecida que ela logo arranjou um marido, casou, e deixou a profissão de vendedora.

Paulo Coelho e Mauricio de Sousa. *O gênio e as rosas e outros*. 2. ed. São Paulo: Globo, 2010. p. 46.

Conjunção é a palavra invariável que liga duas orações ou dois termos semelhantes da mesma oração.

① Copie do texto as conjunções em destaque.

_____

Língua Portuguesa

As conjunções podem ser:
- **conjunções coordenativas:** quando ligam orações de sentido completo e independente;
- **conjunções subordinativas:** quando ligam duas orações, sendo uma delas dependente da outra.

2 Classifique as conjunções de acordo com a legenda.

CC – conjunções coordenativas   **CS** – conjunções subordinativas

a) ☐ e   e) ☐ já que   i) ☐ portanto
b) ☐ que   f) ☐ se   j) ☐ desde que
c) ☐ caso   g) ☐ porém   k) ☐ como
d) ☐ contudo   h) ☐ quando   l) ☐ mas

3 Complete as frases com as conjunções do quadro.

> por isso – ou – portanto – pois – mas – porque

a) Não fui trabalhar _____ estava doente.

b) Estou com sono, _____ vou dormir.

c) Ganhei a corrida, _____ treinei muito.

d) Estava com calor, _____ tirou a roupa.

e) Vamos jantar, _____ não estou com fome.

f) Podemos ir ao cinema _____ ao teatro.

4 Sublinhe as conjunções das frases a seguir.

a) Juliana acordou quando o despertador tocou.

b) Não foi ao circo, porque estava doente.

c) Vovô e vovó fizeram bodas de ouro.

d) Você prefere comer frango ou peixe?

e) Acordei tarde, por isso perdi a condução.

5 Escolha uma conjunção da atividade anterior e elabore uma frase com ela.

_____
_____
_____

NOME: _____ DATA: _____

Algarismos romanos

Vamos ler

Albert Einstein

Albert Einstein, um grande gênio do século XX, teve muitas dificuldades na escola, inclusive na faculdade.

Um dos professores de Einstein chegou a sugerir que ele abandonasse a escola.

Ele arranjou um posto numa repartição pública.

Nas horas vagas Einstein elaborou a Teoria da Relatividade, considerada uma grande descoberta que modificou os conceitos da Física.

Einstein e o Museu do Eclipse

Em 1919, uma equipe de cientistas foi a Sobral, no Ceará, para fotografar um eclipse solar. Essa cidade foi escolhida porque era um dos dois lugares do mundo onde se poderia observar melhor o fenômeno.

Einstein acompanhou os trabalhos da equipe com interesse, pois as fotos do eclipse poderiam provar sua teoria da relatividade, o que de fato ocorreu.

Em Sobral há um Museu do Eclipse que lembra esse acontecimento.

Ruth Rocha. *Almanaque Ruth Rocha*. 2. ed. São Paulo: Moderna, 2011. p. 36.

> Os **algarismos romanos** são usados para nomear papas, reis, imperadores, séculos e capítulos em que se divide um livro, por exemplo.

Atividades

1 Circule no texto um algarismo romano.

2 Faça a correspondência entre as colunas.

1	João Paulo II		rei
2	Século XXI		papa
3	Dom João VI		capítulo
4	Capítulo XV		século

Língua Portuguesa 123

3 Escreva os números a seguir em algarismos romanos.

a) 8 _____   f) 50 _____   k) 3 _____   p) 40 _____

b) 20 _____   g) 1 _____   l) 26 _____   q) 7 _____

c) 5 _____   h) 30 _____   m) 11 _____   r) 90 _____

d) 15 _____   i) 39 _____   n) 9 _____   s) 100 _____

e) 21 _____   j) 10 _____   o) 70 _____   t) 4 _____

4 Escreva por extenso estes algarismos romanos.

a) XII: _____   f) XXXIII: _____

b) CC: _____   g) XVI: _____

c) XIX: _____   h) XXIV: _____

d) XIV: _____   i) LV: _____

e) CV: _____   j) LXII: _____

5 Complete as frases com os termos do quadro.

século XXI – século XX – capítulo XIX – CCIX – Dom Pedro II

a) Estou terminando de ler o livro, já estou no _____.

b) O pai da princesa Isabel era _____.

c) O número sucessor de 208 é _____.

d) João Paulo II foi papa no _____.

e) Nós estamos no _____.

6 Reescreva as frases com os algarismos romanos por extenso.

a) O Brasil foi descoberto no século XV.

_____

b) Estamos no século XXI.

_____

c) Dom Pedro I foi imperador do Brasil.

_____

d) Luís XV foi rei da França.

_____

e) João Paulo I e João Paulo II foram papas.

_____

7 Escreva em algarismo romano.

a) Século 13 _____   c) Século 18 _____

b) Capítulo 19 _____   d) Capítulo 3 _____

Língua Portuguesa

NOME: _____ DATA: _____

Palavras com L e U no final de sílabas

Vamos ler

Romanos criaram o calendário, que passou por muitas mudanças até virar o que é hoje

O ano novo está chegando, e o pessoal de casa logo vai trocar o calendário da parede. Você já parou para pensar quando é que o calendário surgiu?

O bisavô, o avô e o pai desse instrumento que registra a passagem do tempo foram criados, séculos atrás, na Roma antiga. Mas muita confusão ocorreu até chegar ao calendário que conhecemos hoje.

O primeiro calendário romano foi proposto pelo rei Rômulo, no ano 735 antes de Cristo. Esse pode ser considerado o bisavô do calendário atual.

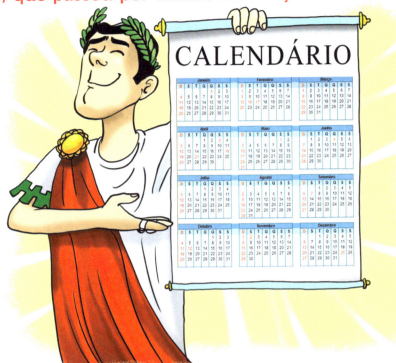

Afinal, se hoje chamamos o terceiro mês do ano de "março", o quarto de "abril", o quinto de "maio" e o sexto de "junho", é graças a Rômulo.

É que ele batizou o primeiro mês de "martius" e os seguintes de "aprilis", "maius" e "junius".

Mas o calendário de Rômulo era estranho. Só tinha dez meses (ou 304 dias). E ele não incluía o inverno!

Roma só conheceu um ano de 365 dias com o imperador Numa. Por volta do ano 700, esse monarca criou os dois últimos meses do calendário: "februarius" e "januarius". Assim, Numa fez com que o seu calendário usasse o Sol como referência para registrar a passagem do tempo.

Romanos criaram o calendário, que passou por muitas mudanças até virar o que é hoje.
Disponível em: <www1.folha.uol.com.br/folhinha/852299-romanos-criaram-o-calendario-que-passou-por-muitas-mudancas-ate-virar-o-que-e-hoje.shtml>. Folhapress.

Atividades

1 Copie do texto as palavras terminadas em **l** e **u**.

a) Palavras terminadas em **l**: _____

_____

b) Palavras terminadas em **u**: _____

_____

Língua Portuguesa

2 Complete as palavras com **l** ou **u**.

a) astrona____ta

b) degra____

c) ta____co

d) a____torama

e) pape____

f) ca____ça

g) pa____mito

h) minga____

i) chapé____

j) quebro____

k) a____ditório

l) a____finete

m) menti____

n) corone____

o) sa____sicha

p) trofé____

q) funi____

r) a____moço

3 Encontre no diagrama o nome das figuras a seguir e escreva-os.

S	A	Í	D	O	P	R	S	P	B
A	W	R	G	P	U	V	S	D	E
L	O	C	H	A	P	É	U	I	R
S	Q	L	V	X	I	Z	G	A	I
I	Y	A	E	B	N	R	W	I	M
C	T	Z	F	L	A	U	T	A	B
H	K	X	A	C	N	N	T	E	A
A	E	D	B	E	Z	R	S	U	U
B	N	C	Q	T	O	P	B	Z	P
P	I	N	C	E	L	X	E	N	R
C	W	Ç	O	L	O	H	E	I	D

4 Escolha três palavras da atividade anterior e forme uma frase com cada uma.

a) ____

b) ____

c) ____

Língua Portuguesa

NOME: _____ DATA: _____

SE NÃO e SENÃO

Vamos ler

Caro amigo leitor, agora vou te explicar,
Quando devemos usar **SE NÃO** e quando **SENÃO** devemos usar.
SE NÃO é uma conjunção unida ao advérbio **NÃO**.
Só devemos usar **SE NÃO** quando por "**caso não**" puder trocar.

Caso não queira proceder, tem outra forma de aprender
É só **SE NÃO** usar, quando "**quando não**" couber no lugar.
Parece a mesma coisa, mas é muito diferente.
Se você já entendeu esta lição é hora se seguir em frente.

Se não, **caso não** e **quando não**, você pode misturar,
Mas caso não dê jeito, vamos por **SENÃO** no lugar.

SE NÃO é separado, já **SENÃO** é mais juntinho
Caso não queira usar **SENÃO**, coloque "**caso contrário**" com jeitinho.
SENÃO pode ser trocado também por "**mas sim**"
Agora fale bem alto: Professora, eu entendi!!!

Prof. Vladimir Cajado de Castro.

> Usamos **se não** em lugar de "caso não", "quando não".
> Usamos **senão** em lugar de "do contrário", "mas sim", "de outro modo", "a não ser".

Atividades

1 Ligue as palavras de acordo com o significado.

a) senão ●   ● Indica dúvida, incerteza.
b) se não ●   ● Ideia de oposição.

2 Escreva ao lado das frases se elas indicam incerteza ou oposição.

a) Você precisa descansar senão ficará doente. _____

b) Tomei o remédio às 15 horas, se não me engano. _____

c) Não posso comer camarão, senão fico doente. _____

d) Amanheceu chovendo, senão iríamos à praia. _____

Língua Portuguesa 127

3 Complete as frases com **se não** ou **senão**.

a) Venha logo, _____ perderá o lugar na primeira fila.

b) Telefone _____ for comparecer ao evento.

c) _____ me enganei na contagem, todos acertaram os resultados.

d) Não é hoje, _____ amanhã.

e) Tome logo o sorvete _____ vai derreter.

f) Era este vestido _____ aquele preto.

g) O vestido da princesa não era azul, _____ verde.

h) _____ puder me dar carona, avise-me, por favor.

4 Observe o termo em destaque em cada frase e marque um **X** quando puder substituí-lo por **senão** e um **V** quando puder substituí-lo por **se não**.

a) ☐ Você irá comigo, **caso contrário** eu não vou.

b) ☐ Escolherei este anel, **a não ser que** leve a pulseira.

c) ☐ Não coma ligeiro, **mas sim** devagar.

d) ☐ Acordo cedo, **quando não**, chego atrasado.

e) ☐ Não havia um **defeito** na festa.

f) ☐ Todos devem obedecer, **do contrário** seremos multados.

g) ☐ Havia cinco crianças no brinquedo, **quando não** seis.

h) ☐ Vou tomar o remédio **ou** a dor pode voltar.

i) ☐ Pinte a casa de verde, **do contrário** ela pode não gostar.

5 Seja criativo! Elabore um pequeno texto usando **senão** e **se não**.

_____
_____
_____
_____
_____
_____
_____

Língua Portuguesa

NOME: _____ DATA: _____

Revisando verbos

Vamos ler

Na casa da minha vó

Na casa da minha vó
Muita coisa boa há
Muitos primos, muitos tios
Muita comida que dá
Pra alimentar todo mundo
Que vive passando lá

E por falar em comida
A de lá sempre é melhor
Docinhos, bolos e tortas
Só na casa da vovó
Já tô com água na boca
Com cheirinho do bobó!
[...]

Vovó não briga com a gente
Com as nossas brincadeiras
Vou pro quintal tomar banho
Saio empurrando as cadeiras
Brinco com tudo que posso
Até com suas torneiras
[...]

Minha vó também me conta
As histórias engraçadas
De toda a nossa família
E de algumas trapalhadas
Dela quando era criança
E eu dou muitas risadas
[...]

Histórias de minha mãe
Dos meus tios, meu avô
De quando mamãe nasceu
Isso ela já me contou
É como assistir a um filme
De tudo que se passou

Cordel de Abdias Campos. *Na casa da minha vó*. 2. ed. Recife: Folhetaria Campos de Versos, 2010.

Atividades

1 Copie os verbos que aparecem no cordel e, ao lado, indique o infinitivo deles.

_____

_____

_____

Língua Portuguesa 129

2 Passe os verbos das frases a seguir para o futuro do presente do indicativo.

a) As crianças comem os doces da festa.

b) Os pescadores pescam com grandes redes no rio.

c) Os pássaros voam bem alto na imensidão azul.

d) As estrelas brilham no céu.

e) Eu trabalho todos os dias da semana.

f) Beatriz, Estela e Mauro praticam esportes.

3 Passe os verbos das frases a seguir para o pretérito imperfeito do indicativo.

a) As crianças comem os doces da festa.

b) Os pescadores pescam com grandes redes no rio.

c) Os pássaros voam bem alto na imensidão azul.

d) As estrelas brilham no céu.

e) Eu trabalho todos os dias da semana.

f) Beatriz, Estela e Mauro praticam esportes.

4 Complete as frases com os verbos adequados.

a) Ontem eles _____ atrasados para a aula.

b) Amanhã eles _____ para o Rio de Janeiro.

c) Anteontem Clarice _____ a vacina.

5 Escolha um verbo regular da 2ª conjugação e escreva uma frase com ele no modo subjuntivo.

Língua Portuguesa

NOME: _____ DATA: _____

Sujeito e predicado

Vamos ler

No frasco

O Paulinho, de repente,
Acordou com dor de dente.

E chorava, ai! de dor –
Foi levado pro doutor.

Doutor Dante, o dentista,
Era mesmo um artista

E o tal dente – um, dois, três!
Arrancou-o de uma vez,

E mostrou-o triunfante
Ao Paulinho o doutor Dante.

Pôs o dente num frasquinho
E entregou-o ao Paulinho.

– Obrigado, seu doutor,
Por livrar-me desta dor!

Eu agora estou contente!
Vou levar pra casa o dente

Pra olhá-lo e rir à toa:
Ele que no frasco doa!

Tatiana Belinky. *Cinco trovinhas para duas mãozinhas*. 2. ed. São Paulo: Editora do Brasil, 2008. p. 23.

> **Sujeito** é o ser ou a coisa sobre o qual o restante da oração diz algo.
> **Predicado** é o termo da oração que contém o verbo e que diz algo sobre o sujeito.

Atividades

1 As frases a seguir foram retiradas do poema. Circule o **sujeito** delas e sublinhe o **predicado**.

a) O Paulinho, de repente, acordou com dor de dente.

b) Doutor Dante, o dentista, era mesmo um artista.

c) Eu agora estou contente!

2 Identifique o sujeito e o predicado das frases a seguir. Siga o exemplo.

a) O professor ensina as crianças.

Sujeito (Quem?): O professor

Predicado (Faz o quê?): ensina as crianças

b) Papai chegou do trabalho.

Sujeito: _____

Predicado: _____

c) A galinha cisca no galinheiro.

Sujeito: _____

Predicado: _____

d) Joana escreve no diário.

Sujeito: _____

Predicado: _____

e) O motorista dirige o ônibus.

Sujeito: _____

Predicado: _____

3 Observe as imagens e forme uma frase com sujeito e predicado sobre cada uma delas.

a)

b)

c)

a) _____

b) _____

c) _____

Língua Portuguesa

Um pouco mais sobre sujeito e predicado

Vamos ler

Hoje vou dormir na casa de meu amigo Mário. Os pais dele vêm me buscar.

– Vamos guardar na mochila um pijama – diz mamãe – e roupa limpa para você trocar amanhã.

Também preciso guardar meus objetos de higiene pessoal: meu pente; minha esponja; minha escova e pasta de dentes; meu xampu; meu perfume.

Já está tudo pronto.

Agora é só guardar na mochila!

Eu me olho no espelho da sala: rosto limpo, mãos limpas, cabelo penteado...

– Olha só, que menino bonito! – me diz papai, sentado no sofá.

Mário e seus pais já chegaram.

Que divertido vai ser!

[...]

Pilar Ramos. *O convite*. São Paulo: Editora do Brasil, 2010. p. 4, 6, 9 e 10.

Atividades

1 Copie do poema duas orações com sujeito e predicado.

a) Oração: _____

Sujeito: _____

Predicado: _____

b) Oração: _____

Sujeito: _____

Predicado: _____

2 Identifique e reescreva o sujeito das frases.

a) O Sol ilumina a Terra diariamente.

_____

b) O gato correu atrás do rato.

_____

c) Paulo escovou os dentes pela manhã.

_____

d) O avião levantou voo no aeroporto internacional.

_____

e) As galinhas botam ovos em grandes quantidades.

_____

f) Caio e Aline pularam da rede.

_____

3 Identifique e reescreva o predicado das frases.

a) Mamãe lavou os pratos do almoço.

_____

b) Os meninos jogam futebol de salão.

_____

c) A bailarina dançou no teatro.

_____

d) Eu pesquei no sitio do vovô Arthur.

_____

4 Complete as frases com um predicado.

a) O astronauta _____

b) Nós _____

c) O pintor _____

d) A cidade _____

5 Forme frases com sujeito e predicado usando os verbos do quadro.

brincamos – estará – fiz

a) _____

_____

b) _____

_____

c) _____

_____

Língua Portuguesa

NOME: _____   DATA: _____

Revisão final

Vamos ler

Ano-novo

Vou fazer lá no parquinho
ou no fundo do quintal,
a melhor festa do mundo
logo depois do Natal.
Pra esperar o ano-novo
e despedir do passado
vai ter torresmo e paçoca
e até leitão assado.

Vai ter frevo, vai ter samba,
um babado bem baiano.
Os bonecos de Olinda,
ao sabor pernambucano.

Até dança portuguesa
com gente fazendo roda.
Todo mundo de mão dada,
não quero ninguém de fora.

Uma festa muito doida
com fogueira de São João.
Vai ter pipoca estalando,
só não pode ter quentão.
O que não pode faltar
é sorvete e brigadeiro.
E um bolo de aniversário
bem no meio do terreiro.

Ah, já ia me esquecendo,
vou reservar um espaço
para as mil brincadeiras
do acrobata e do palhaço.

E tem mais uma coisinha,
guarde no seu pensamento:
o ingresso vai custar
um quilo ou dois de alimento.
Vamos distribuir
ao povo da redondeza,
com o coração tranquilo
a festa fica beleza.

Reynaldo Jardim. *Viva o dia!* São Paulo: Melhoramentos, 2001. p. 52-53.

Atividades

1 Copie do poema:

a) dois substantivos comuns;

_____

b) dois substantivos próprios.

2 Complete as frases usando **sobre** ou **sob**.

a) O bolo está _____ a mesa de jantar.

b) Minha bola estava _____ o carro de Maurício.

c) Coloquei meus sapatos _____ a cama.

d) As panelas estão _____ o armário.

3 Escreva as interjeições apropriadas para indicar:

a) surpresa _____

b) dor _____

c) desejo _____

d) saudação _____

4 O ano está chegando ao fim. Faça um pequeno texto usando exemplos das matérias que você mais gostou de estudar. Depois, leia o texto para os colegas e o professor.

_____
_____
_____
_____
_____
_____
_____
_____
_____
_____
_____
_____
_____
_____
_____
_____
_____
_____
_____
_____

Língua Portuguesa

NOME: _____ DATA: _____

Números naturais

Atividades

1 Copie da cena anterior:

a) número com um algarismo _____;

b) número com dois algarismos _____;

c) número com quatro algarismos _____;

d) maior número natural _____;

e) menor número natural _____.

2 Observe o maior número natural apresentado na cena e escreva:

a) o número natural antecessor a ele _____;

b) o número natural sucessor a ele _____.

3 Usando todos os algarismos do número 2016, escreva outros três números naturais sem repetir nenhum algarismo em cada um desses novos números formados.

_____

Matemática 137

4 Organize os números do quadro em ordem crescente.

$$100 - 10\,000 - 1 - 1\,000 - 100\,000 - 10$$

_____

5 Agora, escreva os números da atividade anterior por extenso, em ordem crescente.

_____

_____

6 Leia os números por extenso e represente-os com algarismos.

a) cento e noventa e quatro _____

b) quinhentos e trinta e sete _____

c) mil duzentos e setenta e dois _____

d) cinco mil quatrocentos e vinte e oito _____

e) dez mil seiscentos e cinquenta e três _____

7 Observe os números do quadro e classifique-os em pares e ímpares.

$$203 - 15\,321 - 645 - 1\,329 - 3\,184 - 26 - 572 - 10\,407 - 8 - 100$$

a) Números pares: _____.

b) Números ímpares: _____.

8 Agora, organize os números da atividade anterior em ordem decrescente.

_____

_____

9 Leia o trecho da matéria a seguir, circule os números apresentados e escreva-os por extenso.

Cristo Redentor

[...]

Inaugurado a 12 de outubro de 1931, no alto do Morro do Corcovado, é um dos símbolos da Cidade. A imagem do Cristo, em concreto armado, projeto do arquiteto Silva Costa e do escultor Paul Landowski, foi construída pela Arquidiocese do Rio de Janeiro. Possui 38 m de altura, tendo 29 m de envergadura e é o mais alto monumento do Rio, estando a 704 m de altitude. [...]

Guia de Praias. Disponível em: <www.guiadepraias.com.br/ponto.php?id=238>. Acesso em: jul. 2015.

_____

_____

10 Leia novamente o texto da atividade anterior e copie os números que representam medidas de comprimento.

_____

138 Matemática

NOME: _____ DATA: _____

Números ordinais

Os números ordinais indicam ordem, posição, lugar.

Vamos ler

Confira os resultados da 90ª edição da Corrida Internacional de São Silvestre

Veja os resultados da 90ª edição da Corrida Internacional de São Silvestre. A prova de rua mais tradicional da América Latina foi realizada na manhã desta quarta-feira e contou com, aproximadamente, 30 mil pessoas que coloriram as ruas da cidade de São Paulo durante todo o percurso da competição.
Resultados: www.saosilvestre.com.br/resultados/

Disponível em: <www.saosilvestre.com.br/confira-os-resultados-da-90a-edicao-da-corrida-internacional-de-sao-silvestre/>. Acesso: jul. 2015.

Atividades

1. De acordo com o texto, pinte o quadro que indica o número da edição da Corrida Internacional de São Silvestre.

| nonagésima | nona |

2. Escreva o antecessor e o sucessor do número citado na atividade anterior.

_____ 90ª _____

3. Leia os números escritos por extenso, encontre no quadro o número ordinal correspondente a cada um e escreva-o.

55º – 1 000º – 189º – 614º – 936º – 372º

a) nongentésimo trigésimo sexto _____
b) centésimo octogésimo nono _____
c) quinquagésimo quinto _____
d) milésimo _____
e) tricentésimo septuagésimo segundo _____
f) sexcentésimo décimo quarto _____

Matemática

4 Com a ajuda do professor, pesquise a resposta para cada questão a seguir.

a) Qual é o primeiro nome da lista de frequência de sua turma?
_____
_____

b) Qual é o último nome da lista de frequência de sua turma e que número ordinal corresponde a ele?
_____
_____

c) Qual é o primeiro dia da semana?
_____

d) Em que dia da semana estamos? Indique com um número ordinal a posição desse dia entre os outros dias da semana.
_____
_____

5 Circule o número ordinal de cada frase, escreva-o no quadrinho central junto com o sucessor e o antecessor dele.

a) 17ª Olímpiada Brasileira de Astronomia e Astronáutica.

☐ ☐ ☐

b) 8ª Mostra Brasileira de Foguetes.

☐ ☐ ☐

c) Corredor queniano Edwin Kipsang vence a 89ª Corrida Internacional de São Silvestre.

☐ ☐ ☐

d) Na Olímpiada de Londres, o Brasil ocupou o 22º lugar no quadro de medalhas.

☐ ☐ ☐

6 Relacione os números ordinais aos meses do ano.

a) 1º   ☐ dezembro

b) 4º   ☐ junho

c) 6º   ☐ outubro

d) 10º   ☐ abril

e) 12º   ☐ janeiro

Matemática

NOME: _____ DATA: _____

Sistema de numeração decimal

> O sistema de numeração decimal tem esse nome por ser organizado na base 10.
> O valor de cada algarismo depende da posição que ele ocupa na representação do numeral.

Vamos ler

Sergipe

Sergipe é o menor estado brasileiro, está localizado na Região Nordeste, possui como capital a cidade de Aracaju, que tem 571 149 habitantes. [...] Os nativos desse estado são chamados de sergipanos.

Disponível em: <www.brasilescola.com/brasil/sergipe.htm>. Acesso em: jul. 2015.

2ª classe			1ª classe		
Milhares			Unidades simples		
6ª ordem	5ª ordem	4ª ordem	3ª ordem	2ª ordem	1ª ordem
C	D	U	C	D	U
5	7	1	1	4	9

Atividades

1 Em relação ao número citado no texto:

a) escreva-o por extenso;

_____

_____

b) escreva o antecessor e o sucessor dele.

_____ 571 149 _____

> Um algarismo pode representar dois valores em um número.
> **Valor relativo** (ou posicional) é o valor que o algarismo ocupa no número.
> **Valor absoluto** é o valor real dele, independentemente da posição que ocupa.

c) escreva os valores relativos e os valores absolutos de cada algarismo.

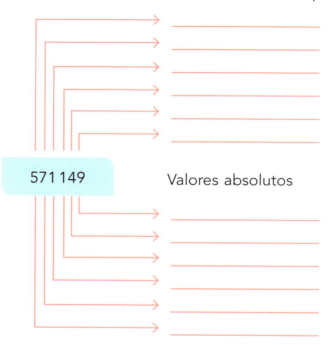

Valores relativos ou posicionais

571 149

Valores absolutos

3 Leia o texto a seguir e complete o quadro valor de lugar com o número citado nele.

Amazonas

Amazonas é um estado brasileiro localizado na Região Norte [...]
A capital do estado é Manaus, que possui uma população de 1 802 014 habitantes; as pessoas que vivem no estado são chamadas de amazonenses.

Disponível em: <www.brasilescola.com/brasil/amazonas.htm>. Acesso em: jul. 2015.

3ª Classe			2ª Classe			1ª Classe		
Milhões			Milhares			Unidades simples		
9ª ordem	8ª ordem	7ª ordem	6ª ordem	5ª ordem	4ª ordem	3ª ordem	2ª ordem	1ª ordem
C	D	U	C	D	U	C	D	U

4 Escreva por extenso o número citado na atividade anterior.

_____

5 Represente os números a seguir com algarismos. Depois, escreva-os por extenso.

a) 2 dezenas de milhão, 1 centena de milhar, 4 dezenas de milhar e 3 unidades

_____

_____

b) 3 centenas de milhão, 6 centenas de milhar, 2 dezenas de milhar e 9 unidades

_____

_____

Matemática

NOME: _____ DATA: _____

Um pouco mais de sistema de numeração

Vamos ler

Pan: Juliana dos Santos ganha medalha de ouro na prova de 5 000 m do atletismo

Brasileira conseguiu ultrapassar duas adversárias na reta final

Canadá – Juliana dos Santos conquistou a primeira medalha do Brasil, nesta quinta-feira, nos Jogos Pan-Americanos de Toronto, no Canadá. Ela conquistou um ouro na corrida de 5 000 m no atletismo, desbancando na reta final da prova a corredora americana e mexicana. Juliana passou boa parte da prova em terceiro e só assumiu a liderança com poucos metros para o fim da disputa. Este é o 31º ouro do país na competição.

O Dia, 21 jul. 2015. Disponível em: <http://odia.ig.com.br/esporte/2015-07-21/pan-juliana-dos-santos-ganha-medalha-de-ouro-na-prova-de-5000m-do-atletismo.html>. Acesso em: jul. 2015.

Atividades

1 Sobre o número 5 000, responda:

a) Ele é formado por quantos algarismos?

_____

b) Por quantos algarismos diferentes é formado?

_____

c) Quantas ordens ele tem?

_____

d) Quantas classes tem e quais são?

_____

_____

e) Qual é o antecessor e o sucessor dele?

_____

f) Escreva-o por extenso.

_____

Matemática 143

2 Complete o quadro com o valor absoluto e o valor relativo dos algarismos indicados.

Número	Algarismo	Valor absoluto	Valor relativo
30 248	3		
125 697	2		
6 039	3		
524 303	5		
369 852	8		
979 000	7		

3 Relacione a coluna da esquerda com o arredondamento correto de cada número na coluna da direita.

a) 21 046

b) 7 085 825

c) 43 625 013

d) 198 730

e) 8 021

☐ 8 mil

☐ 21 mil

☐ 199 mil

☐ 7 milhões

☐ 44 milhões

4 Faça como no exemplo.
a) 23 649 321 124 = _23 bilhões, 649 milhões, 321 mil, 124 unidades_
b) 306 216 582 300 = _____
c) 5 931 874 929 = _____
d) 834 119 652 = _____
e) 12 381 367 000 = _____

5 Forme os números pedidos e depois escreva-os por extenso.
a) Um número com duas classes.
_____

b) Um número com três classes.
_____

6 Leia o valor por extenso do cheque e escreva-o no local apropriado com algarismos.

Duzentos e noventa e três reais e vinte e nove centavos

São Paulo, 09 de junho de 20 16

NOME: _____ DATA: _____

Sistema de numeração romano

O sistema de numeração romano é representado por sete símbolos (letras maiúsculas do alfabeto). São eles: I, V, X, L, C, D e M.

Vamos ler

Papa Bento XVI anuncia que está renunciando ao cargo

Pontífice deixará a liderança da Igreja Católica no dia 28 de fevereiro

[...]

Em comunicado, o religioso disse que sua força não é mais adequada para continuar no posto devido à idade avançada e que tomou a decisão pelo bem da Igreja. [...]

O Globo, 12 fev. 2013. Agências Internacionais. Disponível em: <http://oglobo.globo.com/mundo/papa-bento-xvi-anuncia-que-esta-renunciando-ao-cargo-7550340#ixzz2urzvmAjN>. Acesso em: jul. 2015.

Atividades

1 Ligue para fazer a correspondência entre as colunas.

a) IV •   • 9
b) XC •   • 40
c) IX •   • 900
d) CL •   • 4
e) CM •   • 90
f) XL •   • 150

2 Pinte o quadro de acordo com a legenda.

V̄	X̄	L̄	C̄	D̄	M̄
100 000 cem mil	500 000 quinhentos mil	10 000 dez mil	1 000 000 um milhão	5 000 cinco mil	50 000 cinquenta mil

Matemática 145

3 Escreva estes números em algarismos arábicos.

a) $\overline{XXX}$ = _____

b) $\overline{VI}$ = _____

c) $\overline{MMD}$ = _____

d) $\overline{MM}$ I = _____

e) $\overline{L}$ CV = _____

f) $\overline{CC}$ = _____

4 Escreva em algarismos romanos o ano em que estamos.

_____

5 Leia as frases e escreva em algarismos arábicos os números citados nelas.

a) O Papa Bento XVI sucedeu o Papa João Paulo II. _____

b) A expansão marítima ocorreu no século XV. _____

c) Joana já leu os capítulos VIII e IX do livro que emprestei a ela. _____

d) Montei uma barraca na XXIV Exposição Municipal de Flores. _____

6 Escreva as horas indicadas em cada relógio.

a) _____

b) _____

c) _____

d) _____

e) _____

f) _____

146 Matemática

NOME: _____ DATA: _____

Adição de números naturais

Adição é a operação que junta, reúne ou acrescenta uma quantidade a outra.
Parcelas e **soma** são os termos da adição.
O sinal de adição é + (mais).

Atividades

1) A tabela a seguir mostra o número de pessoas que visitaram uma exposição de automóveis antigos durante um mês.

Exposição de automóveis antigos		
sábado	domingo	outros dias da semana
3 502	4 323	2 635

- De acordo com as informações da tabela, calcule quantas pessoas visitaram a exposição.

Resposta: _____

2) Calcule as adições.

a) 139 711 + 71 253

c) 75 663 + 7 572

b) 38 175 + 2 683

d) 120 000 + 60 000

Matemática 147

3 Resolva as situações-problema.

a) Uma cooperativa plantou 7 253 mudas de laranja e 8 629 mudas de acerola. Quantas mudas a cooperativa plantou?

Resposta: _____

b) Em um navio brasileiro foi feita uma pesquisa sobre a nacionalidade dos tripulantes. Veja o gráfico a seguir.

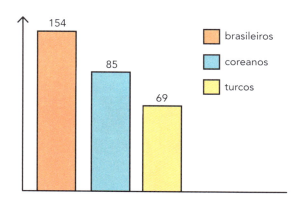

- Quantos tripulantes há no navio?
_____

- Quantos tripulantes são brasileiros?
_____

- Quantos tripulantes são estrangeiros?
_____

c) Diogo recebeu seu salário de 3 508 reais, uma gratificação de 1 207 reais e mais um abono de 885 reais. Quanto ele recebeu?

Resposta: _____

d) Uma exposição de fósseis de dinossauros passou pelas três principais cidades de um estado. Observe a tabela e responda: Quantas pessoas visitaram a exposição no total?

Cidades	Visitantes
Roseiral	4 893
Itamá	3 201
Jurici	2 724

Resposta: _____

148 **Matemática**

NOME: _____ DATA: _____

Propriedades da adição

Comutativa: a ordem das parcelas não altera a soma.
Associativa: em uma adição de três parcelas ou mais, as parcelas podem ser associadas (somadas) de forma diferente sem que haja alteração no resultado.
Elemento neutro: qualquer número natural adicionado a zero tem como resultado o próprio número.
Fechamento: a adição de números naturais tem como resultado sempre um número natural.

Atividades

1 Calcule as adições e escreva a propriedade que está explicitada em cada uma.

a) 348 + 0 = _____

b) 34 + (25 + 12) = _____
(34 + 25) + 12 = _____

c) 8 246 + 3 950 = _____

d) 3 945 + 1 024 = _____

e) 1 326 + 2 543 = _____
2 543 + 1 326 = _____

f) 152 + (324 + 285) = _____
(152 + 324) + 285 = _____

2 Escreva **V** nas afirmativas verdadeiras e **F** nas afirmativas falsas.

a) ☐ Na adição, o número 1 é elemento neutro.

b) ☐ Na adição, se trocarmos a ordem das parcelas a soma não se altera.

c) ☐ Qualquer número somado a zero é igual a ele mesmo.

d) ☐ A adição de números naturais terá sempre como resultado um número natural.

e) ☐ Os termos da adição são comutativa, associativa e elemento neutro.

f) ☐ Na adição podemos agrupar as parcelas de modo diferente que a soma não se altera.

Matemática

3 Calcule as operações aplicando a propriedade indicada.

a) propriedade comutativa

3 695 + 8 364 + 251 = _____

b) propriedade elemento neutro

2 124 + 0 + 1 346 = _____

c) propriedade associativa

246 + 549 + 621 = _____

d) propriedade fechamento

3 201 + 1 523 + 570 = _____

4 Resolva as situações-problema e informe a propriedade utilizada em cada uma.

a) Rita fechou o caixa do turno da manhã com uma venda de R$ 365,99 e outra de R$ 120,00. No turno da tarde, ela fechou o caixa com mais R$ 881,00. Em qual turno Rita vendeu mais? Quanto ela vendeu no dia?

Resposta: _____

b) No sábado, Bernardo e Matias foram pescar: Bernardo pescou 5 peixes e Matias não pescou nenhum. No domingo foram pescar novamente, porém Bernardo não pescou nenhum peixe, mas Matias pescou 5. Entre o sábado e o domingo, quantos peixes cada um pescou?

Resposta: _____

c) Para preencher uma das prateleiras do mercado, José arrumou nela 254 pacotes de feijão, 381 pacotes de arroz e 210 pacotes de açúcar. Quantos pacotes ele utilizou no total?

Resposta: _____

Matemática

NOME: _____ DATA: _____

Subtração de números naturais

Subtração é a operação que diminui, tira uma quantidade de outra ou compara duas quantidades para determinar a diferença entre elas.
Minuendo, **subtraendo** e **resto** ou **diferença** são os termos da subtração.
O sinal de subtração é — (menos).

Atividades

1) Para o evento de formatura do 5º ano foi feita uma pesquisa entre os alunos para escolher onde seria a comemoração. Veja o gráfico e responda às questões.

a) Qual foi o local escolhido? Com quantos votos?

_____

b) Quantos votos a mais o local escolhido teve em relação à outra opção?

_____

2) Calcule as subtrações.

a)
```
   1 2 6 5
 -   1 3 4
```

b)
```
   6 6 7 8 9 1
 - 1 4 4 8 5 7
```

c)
```
   3 5 6 3 0
 -   9 2 4 0
```

d)
```
   2 2 3 4 0
 - 1 1 2 7 0
```

Matemática

e)
```
  1 0 2 6 5 4
-   1 3 5 2 3
```

f)
```
  5 7 2 8 3
- 3 2 8 5 1
```

3 Resolva as situações-problema.

a) Uma máquina de lavar custa 1 298 reais. Paula só tem 736 reais. Quantos reais faltam para completar o valor da máquina?

Resposta: _____

b) No início do ano, a livraria Boa Leitura tinha 2 814 títulos de literatura. Até o final do primeiro mês, ela vendeu 1 409 títulos. Quantos títulos de literatura essa livraria ainda tem para vender?

Resposta: _____

c) Para a excursão do 5º ano foram encomendadas 495 mochilas. A loja já entregou 282 mochilas. Quantas mochilas ainda faltam?

Resposta: _____

d) A distância entre a cidade de Salvador e o Rio de Janeiro é de 1 649 km. Um motorista já percorreu 932 km. Quantos quilômetros ainda restam?

Resposta: _____

NOME: _____ DATA: _____

Verificando a adição e a subtração

A adição e a subtração são **operações inversas**.
Para verificar o resultado de uma adição usa-se a subtração.
Para verificar o resultado de uma subtração usa-se a adição.

Atividades

1 Calcule as operações e faça a verificação delas.

a) 75283
  + 16340

b) 3400
    1926
  + 5001

c) 6878
  − 4389

d) 7365
  − 1042

e) 32194
  − 1037

f) 735879
  + 412001

g) 4623
    1082
  + 529

h) 8137
  − 7268

i) 9423
  − 2631

j) 95608
  − 3104

Matemática 153

2 Resolva as situações-problema e faça a verificação.

a) Para o acampamento de férias foram levados 81 pães, 104 bananas e 110 caixas de suco. Quantos itens foram levados?

Resposta: _____

b) Foi organizada uma competição entre os dois maiores colecionadores de selos da cidade de Itabuna. Observe o gráfico e responda: Quantos selos Rui tem a mais que João?

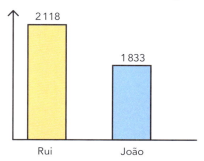

Resposta: _____

c) A escola Sonho Dourado fez uma contagem das matrículas realizadas. Observe o gráfico e responda: Quantos alunos foram matriculados?

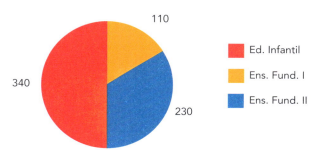

Resposta: _____

d) Lena sacou da poupança 2 300 reais para comprar uma televisão. Ela pagou o valor de 1 838 reais na TV. Quantos reais sobraram?

Resposta: _____

NOME: _____ DATA: _____

Multiplicação de números naturais

Multiplicação é uma adição de parcelas iguais.
Multiplicando, **multiplicador** (também chamados de fatores) e **produto** são os termos da multiplicação.
O sinal da multiplicação é × (vezes).
Observe:

- Jorge organizou as maçãs que colheu em caixas. Em cada caixa couberam 20 maçãs. Ele conseguiu encher 6 caixas. Quantas maçãs Jorge colheu ao todo?

$$\begin{array}{r} 20 \\ \times\ 6 \\ \hline 120 \end{array}$$ →multiplicando →multiplicador ⎤ fatores
→ produto

Resposta: Jorge colheu 120 maçãs ao todo.

Atividades

1 Calcule as multiplicações.

a) 321 × 6

b) 128 × 23

c) 564 × 35

d) 4 852 × 5

e) 310 × 43

f) 724 × 24

2 Resolva as situações-problema.

a) No desfile dos Jogos Olímpicos da escola foram organizadas 5 alas com 24 crianças em cada uma. Quantas crianças participaram do desfile?

Resposta: _____

b) Lúcia quer organizar em um álbum as fotografias que tirou durante sua viagem de férias. O álbum tem 12 páginas e em cada página cabem 3 fotografias. Quantas fotografias ela conseguirá colocar no álbum?

Resposta: _____

c) Carlos treina corrida na pista do clube. A pista tem 275 metros. Todo dia quando treina, ele dá 12 voltas na pista. Quantos metros Carlos corre por treino?

Resposta: _____

d) Em um torneio de queimada foram formados 12 grupos com 6 participantes cada. Quantas pessoas participaram do torneio?

Resposta: _____

NOME: _____ DATA: _____

Propriedades da multiplicação

Comutativa: a ordem dos fatores não altera o produto. Veja:
15 × 12 = 180 ou 12 × 15 = 180.
Associativa: em uma multiplicação de três fatores ou mais, os fatores podem ser associados de formas diferentes que o produto não se altera. Veja:
2 × (5 × 3) = 2 × 15 = 30 ou (2 × 5) × 3 = 10 × 3 = 30.
Distributiva em relação à adição: na multiplicação de uma soma por um número natural, multiplica-se cada parcela por esse número e adicionam-se os resultados. Veja:
5 × (2 + 3) = 5 × 5 = 25 ou 5 × 2 + 5 × 3 = 10 + 15 = 25.
Fechamento: o produto de dois números naturais é sempre um número natural.
Elemento neutro: na multiplicação, o número 1 é neutro, ou seja, multiplicando qualquer número por 1, o resultado é o próprio número.
Elemento nulo: na multiplicação de qualquer número por zero, o resultado é sempre zero.

Atividades

1 Calcule as operações e escreva a propriedade que está explicitada.

a) 359 × 1 =

_____

b) 7 × (3 + 2) =

_____

c) 13 × 12 ou 12 × 13 =

_____

d) 2 × (5 × 4) =

_____

e) 2 × 10 × 2 =

_____

f) 74 × 0 =

_____

2 Marque as afirmações verdadeiras com um **X**.

a) ☐ A propriedade comutativa altera o produto se a ordem dos fatores for alterada.

b) ☐ O elemento neutro na multiplicação é o número 1.

c) ☐ Na multiplicação de qualquer número por zero, o resultado é zero.

d) ☐ Se multiplicarmos qualquer número por 1 o produto será o mesmo número.

3 Resolva as multiplicações e complete a tabela.

×	1	2	3	4	5	6	7	8	9
3				12					

×	1	2	3	4	5	6	7	8	9
5								40	

×	1	2	3	4	5	6	7	8	9
9		18							

×	1	2	3	4	5	6	7	8	9
2									18

×	1	2	3	4	5	6	7	8	9
7					35				

×	1	2	3	4	5	6	7	8	9
6						36			

×	1	2	3	4	5	6	7	8	9
4				16					

×	1	2	3	4	5	6	7	8	9
8			24						

4 Resolva as situações-problema.

a) Marta gosta de enfeitar a casa com flores. Na sala, ela tem 4 vasos e coloca 12 rosas brancas em cada um deles. No quarto, ela coloca um vaso com 10 rosas vermelhas. Quantas rosas Marta utiliza para decorar sua casa?

Resposta: _____

b) Sérgio comprou 2 caixas com 10 velas vermelhas e 3 caixas com 15 velas brancas. Quantas velas ele comprou?

Resposta: _____

Matemática

Divisão de números naturais

Divisão é a operação que reparte, divide uma quantidade em partes iguais.
Divisor, **dividendo**, **quociente** e **resto** são os termos da divisão.
O sinal da divisão é ÷ ou :.
A divisão pode ser **exata**, quando não sobra resto, ou **não exata**, quando sobra resto. O resto de uma divisão é sempre menor que seu divisor.

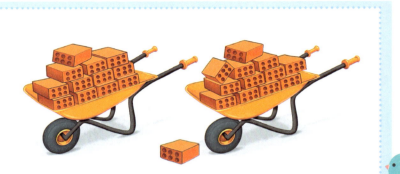

Atividades

1 Calcule as divisões.

a) 225 : 5

b) 8 469 : 42

c) 4 104 : 12

d) 1 248 : 4

e) 2 385 : 45

f) 4 978 : 51

Matemática

2 Resolva as situações-problema.

a) A prefeitura da cidade de Pirambu recrutou 136 garis para uma operação de urgência em 8 praias da cidade. Quantos garis ficarão em cada praia?

Resposta: _____

b) Um prédio de 12 andares será construído com um total de 96 apartamentos iguais. Quantos apartamentos haverá em cada andar?

Resposta: _____

c) Uma fábrica de tijolos enviou para uma loja 48 420 tijolos distribuídos em 5 caminhões. Quantos tijolos cada caminhão transportou?

Resposta: _____

d) Sandra fez 200 quindins e vai vendê-los em caixas que comportam 8 doces. De quantas caixas ela vai precisar?

Resposta: _____

Matemática

Verificando a multiplicação e a divisão

> A multiplicação e a divisão são **operações inversas**.
> Para verificar o resultado de uma multiplicação usa-se a divisão.
> Para verificar o resultado de uma divisão usa-se a multiplicação.

Atividades

1 Calcule as operações e faça a verificação.

a) 323 × 21

b) 4 658 × 5

c) 39 598 : 12

d) 784 × 19

e) 3 978 : 4

f) 54 946 : 41

2 Resolva as situações-problema e faça a verificação.

a) Rute quer pintar a casa dela e comprou tintas, lixas, pincéis etc. Ela gastou 3 648 reais divididos em 6 parcelas iguais. Qual é o valor de cada parcela que terá de pagar?

Resposta: _____

b) Marcelo ganha dos pais uma mesada de 256 reais. Quantos reais ele ganha no período de um ano?

Resposta: _____

c) Em um bazar beneficente foram arrecadados 883 reais para compra de berços para a creche do bairro. Sabendo que um berço custa 69 reais, quantos berços serão comprados com o valor arrecadado? Sobrará troco? De quanto?

Resposta: _____

d) Diogo trabalha de terça-feira a domingo vendendo picolés. Ele vende todos os picolés do carrinho a cada dia. Sabendo que em um carrinho cabem 250 picolés, quantos picolés Diogo vende por semana?

Resposta: _____

162 **Matemática**

Expressões numéricas envolvendo as quatro operações

Expressões numéricas são sequências de operações.
Quando em uma expressão numérica houver as quatro operações, ela deve ser resolvida na seguinte ordem: primeiro as multiplicações e divisões na ordem em que aparecem, depois as adições e subtrações na ordem em que aparecem.
Caso haja operações entre parênteses ( ), elas devem ser efetuadas primeiro, seguidas das operações entre colchetes [ ] e, por último, as que estiverem entre chaves { }.

Atividades

1 Resolva as expressões.

a) 5 + 4 × (3 : 1) =

b) [360 : (3 × 10)] + 60 − 42 =

c) {[1 524 + (12 × 15)] : 8} =

d) [(578 × 2) + 17 × 3] =

e) 20 − 4 + [(30 : 3) × 2] =

f) 280 × 4 + (72 : 9) − 260 =

g) (560 × 3 + 200) : (50 × 2 − 60) =

h) (246 : 3) − (2 × 10) + 5 =

2 Resolva as situações-problema.

a) Dona Julia comprou 24 rosas brancas e as separou igualmente em 3 arranjos. Depois, comprou mais 12 rosas vermelhas e as dividiu igualmente nos arranjos. Quantas rosas ficaram em cada arranjo?

Resposta: _____

b) Dos 68 pães colocados para assar na primeira fornada, queimou metade. Para compensar, Juarez, o padeiro, assou a segunda fornada com o triplo de pães da primeira e dessa vez todos ficaram bons. Com quantos pães bons Juarez ficou?

Resposta: _____

c) Lisa comprou 100 saquinhos de geladinho e, ao enchê-los, descartou 10 saquinhos furados. Sua mãe lhe deu mais 6 saquinhos. Depois de prontos, Lisa vendeu 69 geladinhos. Quantos sobraram?

Resposta: _____

d) Em uma granja havia 128 pintinhos. A metade foi vendida, morreram 15 e nasceram mais 45. Quantos pintinhos há na granja agora?

Resposta: _____

164 Matemática

NOME: _____ DATA: _____

Múltiplos de um número

> **Múltiplo** de um número é o produto da multiplicação desse número por outro número natural.
> Podemos representar os múltiplos de um número da seguinte maneira:
> M(2) = {0, 2, 4, 6, ...}
> M(5) = {0, 5, 10, 15, 20, ...}

Atividades

1 Escreva os dez primeiros múltiplos dos números a seguir.

a) M(2) = _____

b) M(3) = _____

c) M(4) = _____

d) M(5) = _____

e) M(6) = _____

f) M(7) = _____

g) M(8) = _____

h) M(9) = _____

2 Entre os números da atividade anterior, responda:

a) Quais números são múltiplos de 2 e 3?
_____

b) Quais números são múltiplos de 7 e 9?
_____

3 Usando os números do quadro, escreva os múltiplos de:

> 0 – 4 – 8 – 11 – 12 – 16 – 20 – 22
> 24 – 28 – 32 – 33 – 40 – 44 – 55 – 66

a) 4 _____

b) 8 _____

c) 11 _____

d) 4 e 8 _____

e) 4, 8 e 11 _____

4 Complete as sequências com os múltiplos dos números indicados.

a)
M(14) =	0	14		42		70		98		

b)
M(15) =	0		30	45			90			135

5 Circule os múltiplos dos números a seguir.

a) 25 = 0, 25, 40, 75, 80, 85, 100, 125, 140

b) 17 = 0, 18, 34, 42, 51, 65, 72, 93

c) 33 = 0, 21, 33, 40, 55, 66, 84, 99

6 Imagine que você ganhou R$ 49,00. Assinale o número do qual esse valor é múltiplo.

a) ☐ 9   b) ☐ 7   c) ☐ 19   d) ☐ 8

7 Marque as informações verdadeiras com um **X**.

a) ☐ Os múltiplos de um número natural são infinitos.

b) ☐ Na indicação dos múltiplos de um numeral, o sinal reticências (...) significa infinito.

c) ☐ O número 0 é múltiplo de todos os números naturais.

d) ☐ O número 1 é múltiplo de todos os números naturais.

8 Vamos descobrir qual carrinho pertence a cada piloto? Para isso, encontre o carrinho com o múltiplo do número que está no uniforme de cada piloto e pinte-os da mesma cor.

166 **Matemática**

NOME: _____ DATA: _____

Divisores de um número

Divisores são todos os números que, ao dividir um número, resultam uma divisão exata, isto é, com resto igual a zero.
Podemos representar os divisores de um número da seguinte maneira:
D(10) = {1, 2, 5, 10, ...}

Atividades

1 Escreva os divisores dos números a seguir.

a) (D)12 = {_____}

b) (D)28 = {_____}

c) (D)32 = {_____}

d) (D)44 = {_____}

e) (D)56 = {_____}

f) (D)58 = {_____}

2 Um time tem 24 jogadores de vôlei. Descubra todas as possibilidades de agrupamento dos jogadores desse time ficando, no mínimo, 4 jogadores em cada grupo.

_____
_____
_____

3 Pinte os números que têm apenas dois divisores.

| 10 | 7 | 15 | 23 | 28 | 31 | 43 | 3 |

4 Pinte de **azul** os divisores do número 13 e de **vermelho** os divisores do número 30.

| 1 | 6 | 5 | 1 | 14 | 9 | 15 | 8 | 3 |
| 10 | 40 | 21 | 30 | 54 | 2 | 13 | 100 | 7 |

Matemática 167

5 Escreva todos os números do quadro que são divisíveis pelos números indicados.

48	240	12	436	392
504	27	622	39	75
66	450	51	800	243

a) 2: _____

b) 3: _____

c) 2 e 3: _____

d) 5: _____

e) 2, 3 e 5: _____

6 Uma biblioteca virtual tem 50 arquivos para organizar em pastas. Complete a tabela de forma que cada pasta contenha a mesma quantidade de arquivos, sem sobrar nenhum. O exemplo mostra um dos resultados possíveis.

Nº de pasta	Nº de arquivos
1	50

7 Faça a correspondência entre as colunas.

a) Um número é divisível por 2

b) Um número é divisível por 3

c) Um número é divisível por 6

d) Um número é divisível por 5

e) Um número natural é divisível por 10

f) Um número natural é divisível por 100

☐ se for divisível por 2 e também por 3.

☐ se termina em pelo menos dois zeros.

☐ se termina em 0, 2, 4, 6 ou 8, ou seja, quando é par.

☐ quando termina em 0.

☐ se a soma de seus algarismos for um número divisível por 3.

☐ quando termina em 0 ou 5.

8 Pinte os divisores do número 28.

10	14	0	1	6	12	28	7	4	18	2

Matemática

Números primos e números compostos

Número primo é o número natural que só é divisível por 1 e por ele mesmo.
Os números que têm mais de dois divisores são chamados de **números compostos**.
Todo número natural composto pode ser obtido como resultado da multiplicação de números primos. Assim, dizemos que ele está **decomposto em fatores primos**.

Atividades

1 Observe os números a seguir.

4   0   9   5   6

3   1   7   8   2

a) Circule os números primos menores que 10.

b) Faça um **X** nos números compostos.

___

c) Sobrou algum número sem marcação? Qual?

___

d) Por quê?

___
___

2 Na Olimpíada de Inverno de 2014, a delegação brasileira tinha um número primo de atletas. Marque com **X** esse número.

a) ☐ 9   b) ☐ 13   c) ☐ 4   d) ☐ 10

Matemática 169

3 Uma pista de corrida tem 360 metros. Escreva nos quadros números primos para completar as divisões até a chegada. Observe o exemplo.

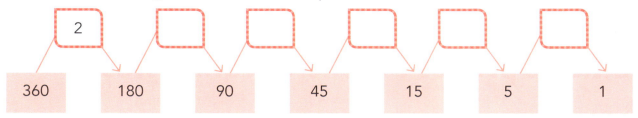

4 Escreva cinco números compostos maiores que 10.

_____

5 Escreva cinco números primos maiores que 10.

_____

6 Observe o exemplo e decomponha em fatores primos os números a seguir.

```
8 | 2      → 8 : 2 = 4
4 | 2      → 4 : 2 = 2        8 = 2 × 2 × 2
2 | 2      → 2 : 2 = 1
1 |
```

a) 100   **b)** 90   **c)** 150

7 Marque as afirmações verdadeiras com um **X**.

a) ☐ Todos os números naturais são números primos.

b) ☐ Os números primos têm apenas dois divisores.

c) ☐ Os números compostos têm mais de dois divisores.

d) ☐ O número 1 é um número primo.

e) ☐ O número 2 é o menor número primo.

f) ☐ Os números primos são infinitos.

g) ☐ O número 6 está decomposto em fatores primos porque é produto de dois números primos (2 × 3 = 6).

8 Escreva o único número primo que é par.

_____

Matemática

NOME: _____ **DATA:** _____

Máximo divisor comum (m.d.c.)

Máximo divisor comum é o maior divisor comum entre dois ou mais números.
Para encontrar o m.d.c. podemos utilizar a decomposição em fatores primos. Veja o exemplo:

36	**2**
18	2
9	**3**
3	3
1	

42	**2**
21	**3**
7	7
1	

m.d.c. (36, 42) = 2 × 3 = 6

Atividades

1 Circule os divisores dos números a seguir.

a) 12 — 1, 2, 3, 4, 5, 6, 7, 8, 9, 10, 11, 12

b) 16 — 1, 2, 3, 4, 5, 6, 7, 8, 9, 10, 11, 12, 13, 14, 15, 16

2 Escreva os divisores comuns aos dois números da atividade anterior.

_____

3 Agora, escreva o máximo divisor comum entre 12 e 16.

_____

4 Utilize a decomposição em fatores primos e encontre o m.d.c. dos números a seguir.

a) 42 e 60

b) 36 e 90

c) 40 e 72

d) 48 e 72

e) 20, 30 e 80

f) 186, 120 e 136

g) 56 e 84

h) 60 e 24

i) 32, 46 e 54

j) 9, 15 e 18

NOME: _____ DATA: _____

Mínimo múltiplo comum (m.m.c.)

Mínimo múltiplo comum é o menor dos múltiplos comuns a dois ou mais números, diferente de zero. Observe:

6, 8	2
3, 4	2
3, 2	2
3, 1	3
1, 1	

12, 15	2
6, 15	2
3, 15	3
1, 5	5
1, 1	

m.m.c. (6, 8) = 2 × 2 × 2 × 3 = 24

m.m.c. (12, 15) = 2 × 2 × 3 × 5 = 60

Atividades

1 Cada sequência indica os múltiplos de um determinado número. Descubra-o e escreva-o no quadrinho correto.

a) ☐ 0, 2, 4, 6, 8, 10, 12, 14, 16

b) ☐ 0, 8, 16, 24, 32, 40, 48, 56

c) ☐ 0, 3, 6, 9, 12, 15, 18, 21, 24

d) ☐ 0, 9, 18, 27, 36, 45, 54, 63

2 De acordo com a atividade anterior, responda:

a) Você consegue encontrar o mínimo múltiplo comum entre dois ou mais números?

_____

b) Se a resposta anterior for afirmativa, escreva os mínimos múltiplos comuns de (2, 8); (3, 9); (2, 3) e (3, 8).

_____

3 Observe as sequências com os múltiplos dos números e escreva **C** para certo e **E** para errado.

a) ☐ Múltiplos de **5**: 0, 10, 25, 32, 35, 43, 50, 53...

b) ☐ Múltiplos de **10**: 0, 10, 20, 30, 40, 50, 60, 70...

c) ☐ Múltiplos de **12**: 0, 12, 24, 48, 60, 72, 84, 96...

4 Determine o m.m.c. dos números a seguir.

a) 12 e 30

c) 15 e 40

b) 4 e 10

d) 25 e 30

5 Escreva os números do quadro que são múltiplos dos números indicados entre parênteses.

40	12	32	6	25
55	18	16	28	24
30	4	35	8	20

a) M(4) = _____

b) M(5) = _____

c) M(6) = _____

6 Observando os conjuntos da atividade anterior, encontre o m.m.c. dos pares de números indicados a seguir.

a) m.m.c. (4, 5) = _____   b) m.m.c. (5, 6) = _____   c) m.m.c. (4, 6) = _____

7 Ligue cada par de números ao m.m.c. correspondente.

a) 4, 8

b) 25, 40

c) 15, 45

d) 7, 13

e) 16, 58

45

8

91

464

200

174 **Matemática**

NOME: _____   DATA: _____

Frações

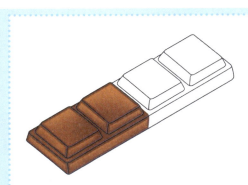

Fração é cada parte de um inteiro que foi dividido em partes iguais.
Os termos da fração são **numerador** (número acima do traço) e **denominador** (número abaixo do traço).
Veja o exemplo:

$\dfrac{2}{4}$ → O numerador indica quantas partes do inteiro estão sendo consideradas.
→ O denominador indica em quantas partes iguais o inteiro foi dividido.

Atividades

1 Escreva as frações corretamente.

a) três sextos	c) nove doze avos	e) vinte centésimos
b) nove décimos	d) trinta milésimos	f) cinco vinte avos

2 Pinte as figuras de acordo com a fração.

a) $\dfrac{6}{12}$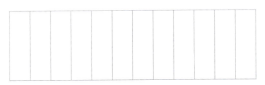

c) $\dfrac{2}{2}$

b) $\dfrac{6}{8}$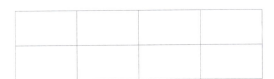

d) $\dfrac{5}{8}$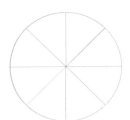

3 Numere a segunda coluna de acordo com a primeira.

1. Fração própria

☐ Quando representa um inteiro ou mais. O numerador é maior ou igual ao denominador.

2. Fração aparente

☐ Tem uma parte inteira e uma parte fracionária.

3. Fração imprópria

☐ Quando representa uma parte do inteiro. O numerador é menor que o denominador.

4. Fração mista

☐ Quando o numerador é divisível pelo denominador. São frações impróprias que podem ser representadas por um número inteiro.

4 Classifique as frações a seguir usando os termos do quadro.

fração mista — fração própria — fração imprópria — fração aparente

a) 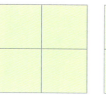 $\frac{7}{4}$

c) 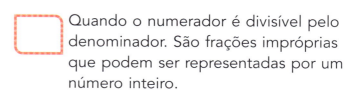 $1\frac{1}{2}$

_____

b) 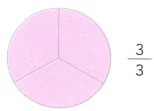 $\frac{3}{3}$

d)  $\frac{3}{5}$

_____

5 Leia a situação-problema e responda às questões.

■ Dina comprou uma *pizza* dividida em seis fatias iguais. Ela comeu duas fatias e guardou o restante na geladeira.

a) Que fração corresponde ao total da *pizza*? _____

b) Que fração corresponde à parte que Dina comeu? _____

c) Que fração corresponde à parte que Dina guardou? _____

Matemática

NOME: _____ DATA: _____

Frações de quantidade

Para calcular a **fração de uma quantidade** sem precisar desenhá-la, basta dividir a quantidade pelo denominador e multiplicar o quociente pelo numerador. Veja:

$\frac{3}{5}$ de 50 ⟶ 50 : 5 = 10 ⟶ 10 × 3 = 30

Vamos ler

Caranguejada
Vai pro mangue cedo pra caranguejo catar
Aurora sai com a sacola cheia
Mas só um quinto vai servir pro jantar
O resto vende no mercado da aldeia
Se a moça conseguiu cinquenta e cinco caranguejos pegar
Adivinhe quantos no mercado ela vai ofertar?

Renata Bueno. *Poemas problemas*. São Paulo: Editora do Brasil, 2012. p. 36.

Atividades

1 Calcule a fração das quantidades a seguir.

a) $\frac{1}{3}$ de 30 dias

b) $\frac{4}{5}$ de 200 picolés

c) $\frac{2}{6}$ de 1 200 cocadas

d) $\frac{2}{5}$ de 50 reais

e) $\frac{3}{4}$ de 240 sacos de pipoca

f) $\frac{3}{6}$ de 1 500 pastéis

2 Resolva as situações-problema.

a) Pedro plantou um total de 144 mudas de árvores frutíferas, mas $\frac{1}{3}$ das mudas morreu. Quantas mudas morreram?

Resposta: _____

b) Para uma festa foram comprados 300 pratinhos descartáveis. Foram usados $\frac{2}{3}$. Quantos pratinhos foram usados?

Resposta: _____

c) Uma doceira fez 180 bombinhas de chocolate e vendeu $\frac{4}{5}$. Quantas bombinhas de chocolate ela vendeu?

Resposta: _____

d) O Condomínio Flora foi lançado com 240 unidades. Já foram vendidos $\frac{2}{5}$ de unidades. Quantas unidades foram vendidas?

Resposta: _____

e) Das 350 figurinhas de um álbum, Pedro e Alexandra já colaram $\frac{6}{10}$. Quantas figurinhas já foram coladas no álbum?

Resposta: _____

Matemática

NOME: _____ DATA: _____

Frações equivalentes

Frações equivalentes são frações que, mesmo diferentes, representam a mesma parte do inteiro.
Veja:

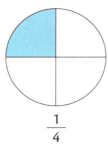
$\dfrac{1}{4}$

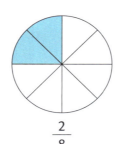
$\dfrac{2}{8}$

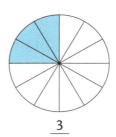
$\dfrac{3}{12}$

$\dfrac{1}{4}$, $\dfrac{2}{8}$ e $\dfrac{3}{12}$ são frações equivalentes.

Atividades

1 Pinte as figuras de acordo com a fração indicada e ligue as equivalentes.

a) $\dfrac{1}{5}$

c) $\dfrac{2}{10}$

b) $\dfrac{2}{6}$

d) $\dfrac{4}{12}$

2 Escreva as frações representadas pelas partes coloridas das figuras e circule as frações equivalentes.

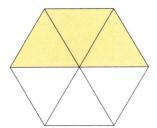 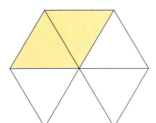 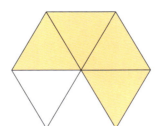 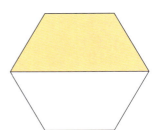

a) _____ b) _____ c) _____ d) _____

Matemática

Para obter frações equivalentes multiplica-se ou divide-se o numerador e o denominador da fração por um mesmo número.

3 Circule as frações equivalentes a:

a) $\dfrac{3}{6}$ $\dfrac{4}{5}, \dfrac{6}{12}, \dfrac{12}{24}, \dfrac{148}{26}, \dfrac{24}{48}$

b) $\dfrac{3}{9}$ $\dfrac{9}{27}, \dfrac{20}{40}, \dfrac{27}{81}, \dfrac{30}{90}, \dfrac{81}{243}$

c) $\dfrac{5}{10}$ $\dfrac{6}{12}, \dfrac{10}{20}, \dfrac{15}{25}, \dfrac{20}{40}, \dfrac{40}{80}$

d) $\dfrac{50}{100}$ $\dfrac{5}{30}, \dfrac{10}{20}, \dfrac{5}{25}, \dfrac{5}{10}, \dfrac{13}{15}$

4 Escreva duas frações equivalentes a:

a) $\dfrac{2}{3}$ _____

b) $\dfrac{3}{5}$ _____

Simplificação de fração é uma forma de representar a mesma fração, porém com o numerador e o denominador menores.
Fração irredutível é a fração que não é mais possível simplificar.
Observe:

$$\dfrac{8}{24} \xrightarrow{\div 8} = \dfrac{1}{3} \xleftarrow{\div 8}$$

5 Simplifique as frações a seguir tornando-as irredutíveis.

a) $\dfrac{30}{90}$

b) $\dfrac{60}{80}$

c) $\dfrac{6}{18}$

d) $\dfrac{50}{100}$

e) $\dfrac{10}{20}$

f) $\dfrac{24}{32}$

6 Resolva a situação-problema e responda às questões.

■ Rute ganhou um ramalhete com 24 rosas. No dia seguinte, murcharam 6 rosas.

a) Que fração representa as rosas que murcharam? _____

b) Qual é a forma irredutível dessa fração? _____

Matemática

Comparação de frações

Há três formas de comparar frações.

- **Frações com denominadores iguais**: a maior fração é a que tem o maior numerador.

 $\frac{2}{5}$ $\frac{4}{5}$ $\quad \frac{2}{5} < \frac{4}{5}$

- **Frações com numeradores iguais**: a maior fração é a que tem o menor denominador.

 $\frac{2}{4}$ $\frac{2}{6}$ $\quad \frac{2}{4} > \frac{2}{6}$

- **Frações com denominadores diferentes**: é preciso obter frações equivalentes com o mesmo denominador para ser possível comparar. Podem-se reduzir as frações ao mesmo denominador utilizando o m.m.c.

 $\frac{1}{6}$ $\frac{3}{4}$

$\frac{1}{6} = \boxed{\frac{2}{12}} = \frac{3}{18}$ $\qquad \frac{3}{4} = \frac{6}{8} = \boxed{\frac{9}{12}}$ $\qquad \frac{2}{12} < \frac{9}{12} = \frac{1}{6} < \frac{3}{4}$

Atividades

1 Pinte as figuras de acordo com a fração indicada e depois utilize os sinais > ou < para compará-las.

a)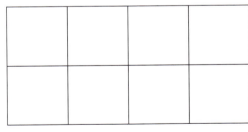

$\frac{2}{8}$ _____ $\frac{5}{8}$

b)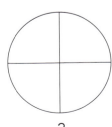

$\frac{2}{3}$ _____ $\frac{2}{4}$

Matemática

2 Circule a maior fração.

a) $\dfrac{4}{5}$, $\dfrac{3}{5}$ c) $\dfrac{2}{8}$, $\dfrac{7}{8}$ e) $\dfrac{6}{9}$, $\dfrac{3}{9}$ g) $\dfrac{5}{6}$, $\dfrac{2}{6}$

b) $\dfrac{3}{4}$, $\dfrac{8}{9}$ d) $\dfrac{3}{4}$, $\dfrac{3}{5}$ f) $\dfrac{2}{5}$, $\dfrac{3}{7}$ h) $\dfrac{4}{6}$, $\dfrac{6}{5}$

3 Compare as frações utilizando os sinais **<** (menor que) e **>** (maior que).

a) $\dfrac{3}{6}$ ____ $\dfrac{2}{6}$ d) $\dfrac{4}{5}$ ____ $\dfrac{4}{9}$ g) $\dfrac{5}{7}$ ____ $\dfrac{3}{7}$

b) $\dfrac{5}{6}$ ____ $\dfrac{3}{4}$ e) $\dfrac{3}{4}$ ____ $\dfrac{7}{8}$ h) $\dfrac{1}{3}$ ____ $\dfrac{1}{4}$

c) $\dfrac{3}{10}$ ____ $\dfrac{7}{10}$ f) $\dfrac{10}{12}$ ____ $\dfrac{9}{12}$ i) $\dfrac{6}{8}$ ____ $\dfrac{7}{8}$

4 Organize as frações em ordem crescente.

$\dfrac{8}{3}$	$\dfrac{8}{6}$	$\dfrac{8}{1}$	$\dfrac{8}{5}$	$\dfrac{8}{2}$	$\dfrac{8}{7}$	$\dfrac{8}{4}$

5 Resolva as situações-problema.

a) Carla deu um tablete de chocolate a Gisele e outro a Tadeu. Os tabletes tinham o mesmo tamanho. Gisele comeu $\dfrac{2}{3}$ de seu tablete e Tadeu comeu $\dfrac{3}{4}$ do tablete dele. Quem comeu mais chocolate?

Resposta: _____

b) Em uma competição, os participantes deveriam encher uma vasilha com a maior quantidade de água possível no tempo determinado. Murilo encheu $\dfrac{3}{4}$ de sua vasilha e Eva encheu $\dfrac{2}{5}$ da vasilha dela. Quem ganhou a competição?

Resposta: _____

Adição e subtração de fração

Há dois casos de adição e subtração de frações.
- **Denominadores iguais**: adicionamos ou subtraímos os numeradores e mantemos o mesmo denominador.

$$\frac{3}{7} + \frac{2}{7} = \frac{5}{7} \qquad \frac{6}{9} - \frac{4}{9} = \frac{2}{9}$$

- **Denominadores diferentes**: reduzimos as frações a um mesmo denominador e, então, adicionamos ou subtraímos.

$$\frac{1}{3} + \frac{3}{4} \longrightarrow \frac{2}{6}, \frac{3}{9}, \boxed{\frac{4}{12}} \quad \frac{6}{8}, \boxed{\frac{9}{12}}$$

$$\frac{2}{3} - \frac{1}{4} \longrightarrow \frac{4}{6}, \frac{6}{9}, \boxed{\frac{8}{12}} \quad \frac{2}{8}, \boxed{\frac{3}{12}}$$

$$\frac{4}{12} + \frac{9}{12} = \frac{13}{12} \qquad \frac{8}{12} - \frac{3}{12} = \frac{5}{12}$$

Atividades

1 Nas figuras a seguir, use cores diferentes para representar as frações indicadas. Depois, complete o resultado do cálculo.

a) $\dfrac{7}{8} - \dfrac{1}{8} =$

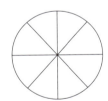

b) $\dfrac{3}{8} + \dfrac{2}{8} =$

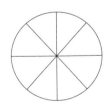

2 Calcule as adições.

a) $\dfrac{3}{6} + \dfrac{2}{6} =$

b) $\dfrac{1}{4} + \dfrac{2}{4} =$

c) $\dfrac{3}{9} + \dfrac{2}{9} =$

d) $\dfrac{3}{6} + \dfrac{1}{6} =$

e) $\dfrac{1}{8} + \dfrac{1}{8} + \dfrac{5}{8} =$

f) $\dfrac{2}{5} + \dfrac{1}{5} + \dfrac{3}{5} =$

3 Calcule as subtrações.

a) $\dfrac{8}{9} - \dfrac{6}{9} =$

b) $\dfrac{7}{8} - \dfrac{5}{8} =$

c) $\dfrac{25}{30} - \dfrac{12}{30} =$

d) $\dfrac{45}{60} - \dfrac{30}{60} =$

e) $\dfrac{30}{70} - \dfrac{20}{70} =$

f) $\dfrac{90}{80} - \dfrac{20}{80} =$

Matemática

4 Calcule as adições com denominadores diferentes.

a) $\dfrac{1}{3} + \dfrac{2}{4} =$

b) $\dfrac{2}{3} + \dfrac{1}{4} =$

c) $\dfrac{2}{3} + \dfrac{1}{5} =$

d) $\dfrac{1}{6} + \dfrac{2}{4} =$

5 Calcule as subtrações com denominadores diferentes.

a) $\dfrac{2}{4} - \dfrac{1}{6} =$

b) $\dfrac{5}{6} - \dfrac{3}{5} =$

c) $\dfrac{2}{6} - \dfrac{1}{4} =$

d) $\dfrac{6}{12} - \dfrac{3}{9} =$

> Para adicionar um número inteiro a uma fração temos de transformá-lo em fração também. Veja:
>
> $$1 + \dfrac{2}{4} = \dfrac{4}{4} + \dfrac{2}{4} = \dfrac{6}{4}$$

6 Calcule as adições.

a) $3\dfrac{2}{5} + \dfrac{8}{5} =$

b) $1\dfrac{4}{8} + \dfrac{3}{8} =$

c) $1\dfrac{6}{10} + \dfrac{5}{10} =$

7 Resolva a situação-problema.

■ Ontem Lucas usou $\dfrac{2}{6}$ do papel que comprou para fazer pipas e hoje usará mais $\dfrac{3}{6}$. Que fração do total de papel ele já usou? Qual é a fração que ainda resta?

Resposta: _____

184 Matemática

Multiplicação de fração

Na **multiplicação de frações** multiplicamos numerador por numerador e denominador por denominador. Veja:

- Débora e Bruna dividem uma *pizza*. Observe a imagem e responda: Que fração corresponde à parte da *pizza* que as meninas comeram?

$\frac{2}{6}$

$\frac{1}{6}$

$$\frac{1}{6} + \frac{1}{6} + \frac{1}{6} = 3 \times \frac{1}{6} = \frac{3}{1} \times \frac{1}{6} = \frac{3}{6} = \frac{1}{2}$$

Resposta: As meninas comeram $\frac{3}{6}$ ou $\frac{1}{2}$ da *pizza*.

Atividades

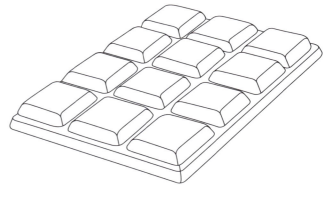

1. Gabriela tinha um tablete de chocolate dividido em 12 pedaços. Ela comeu 2 pedaços, deu 2 pedaços a sua mãe e 2 pedaços a seu pai. Pinte na imagem ao lado, com cores diferentes, a parte que cada um comeu.

Agora, responda:

a) Quantas pessoas comeram o chocolate? _____

b) Que fração representa a parte que cada um comeu? _____

c) Que fração representa a parte total que foi comida? _____

2. Calcule as multiplicações.

a) $3 \times \frac{1}{3} =$

b) $2 \times \frac{1}{4} =$

Matemática 185

c) $2 \times \dfrac{2}{6} =$

d) $2 \times \dfrac{5}{10} =$

3 Resolva a situação-problema.

- Juca pintou $\dfrac{1}{5}$ de um muro, enquanto Tiago pintou o triplo. Que fração corresponde à parte do muro que Tiago pintou?

Resposta: _____

4 Calcule as multiplicações de acordo com o exemplo.

$$\dfrac{1}{2} \times \dfrac{2}{5} = \dfrac{1 \times 2}{2 \times 5} = \dfrac{2}{10} = \dfrac{1}{5}$$

a) $\dfrac{3}{6} \times \dfrac{1}{8} =$

b) $\dfrac{2}{3} \times \dfrac{1}{2} =$

c) $\dfrac{5}{6} \times \dfrac{2}{3} =$

d) $\dfrac{3}{9} \times \dfrac{5}{3} =$

5 Calcule as multiplicações de acordo com o exemplo.

$$3 \times \dfrac{2}{6} = \dfrac{3}{1} \times \dfrac{2}{6} = \dfrac{3 \times 2}{1 \times 6} = \dfrac{6}{6} = 1$$

a) $4 \times \dfrac{2}{4} =$

b) $9 \times \dfrac{1}{9} =$

c) $8 \times \dfrac{1}{3} =$

d) $2 \times \dfrac{2}{4} =$

6 Calcule.

a) $\dfrac{3}{6} \times \dfrac{4}{9} =$

b) $\dfrac{3}{10} \times \dfrac{4}{6} =$

Matemática

NOME: _____ DATA: _____

Divisão de fração

A **divisão de uma fração por outra fração** é realizada multiplicando a primeira fração pelo inverso da segunda fração. Observe:

$$\frac{3}{2} : \frac{5}{4} = \frac{3}{2} \times \frac{4}{5} = \frac{12}{10}$$

1. Calcule as divisões.

a) $\dfrac{5}{4} : \dfrac{3}{6} =$

b) $\dfrac{6}{4} : \dfrac{8}{5} =$

c) $\dfrac{2}{3} : \dfrac{4}{3} =$

d) $\dfrac{7}{9} : \dfrac{6}{2} =$

e) $\dfrac{8}{4} : \dfrac{2}{5} =$

f) $\dfrac{3}{8} : \dfrac{5}{4} =$

Quando há um número natural na divisão de fração, transforma-se o número natural em fração com denominador igual a 1. Veja:

$$6 : \frac{6}{3} = \frac{6}{1} \times \frac{3}{6} = \frac{18}{6} = \frac{3}{1} = 3$$

2. Calcule as divisões.

a) $\dfrac{8}{2} : 6 =$

b) $4 : \dfrac{3}{2} =$

c) $2 : \dfrac{8}{5} =$

d) $5 : \dfrac{5}{9} =$

e) $4 : \dfrac{3}{5} =$

f) $5 : \dfrac{6}{2} =$

g) $2 : \dfrac{7}{4} =$

h) $7 : \dfrac{8}{6} =$

Matemática

3 Resolva as situações-problema.

a) Elena usou 6 metros quadrados de seu jardim para plantar rosas, o que equivale a $\frac{2}{5}$ do terreno. Quantos metros quadrados tem o terreno de Elena?

Resposta: _____

b) Se $\frac{1}{3}$ do estoque de brinquedos são 235 unidades, quantos brinquedos a loja tem no depósito?

Resposta: _____

c) Da rifa de final de ano da escola já foram vendidos $\frac{3}{5}$ dos bilhetes, contabilizando 141 bilhetes. Quantos bilhetes faltam ser vendidos?

Resposta: _____

d) Joel já construiu $\frac{4}{8}$ de um muro, que está com 830 metros de comprimento. Com quantos metros ficará o muro que Joel está fazendo?

Resposta: _____

e) Se $\frac{4}{6}$ do preço da bicicleta de Gilson corresponde a 120 reais. Quanto custou a bicicleta?

Resposta: _____

Números e frações decimais

Números decimais são aqueles que têm uma parte inteira e outra decimal separadas pela vírgula. No número **1,4**, o algarismo antes da vírgula é a parte inteira, e o algarismo após a vírgula é a parte decimal (parte fracionária).
Os números decimais são usados em muitas situações do dia a dia. Observe:

Frações decimais são aquelas frações com denominadores 10, 100 ou 1 000 etc. Toda fração decimal pode ser escrita também na forma decimal.

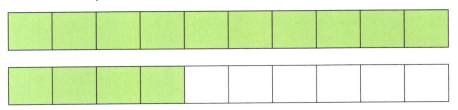

$1\frac{4}{10}$ → 1,4 (Lê-se: um inteiro e quatro décimos.)

Atividades

1 Pinte as figuras de acordo com a fração.

a) $\frac{6}{10}$

c) $\frac{2}{10}$

b) $\frac{5}{10}$

d) $\frac{1}{10}$

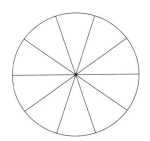
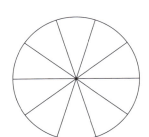

Matemática 189

2 Relacione a segunda coluna com a primeira.

a) quatro inteiros e sete décimos

b) sete décimos

c) dez inteiros e quatro décimos

d) nove décimos

e) três décimos

☐ 0,9

☐ 0,3

☐ 0,7

☐ 4,7

☐ 10,4

3 Represente com desenhos as frações indicadas.

a) $\dfrac{3}{10}$

b) $\dfrac{2}{10}$

4 Represente cada número decimal em fração.

a) 0,8 =

b) 0,9 =

c) 3,2 =

d) 4,4 =

e) 12,9 =

f) 15,3 =

5 Represente cada fração em número decimal.

a) $2\dfrac{2}{10} =$

b) $7\dfrac{6}{10} =$

c) $10\dfrac{1}{10} =$

d) $23\dfrac{8}{10} =$

e) $\dfrac{3}{10} =$

f) $\dfrac{7}{10} =$

NOME: _____ DATA: _____

Números decimais: centésimos e milésimos

Observe alguns exemplos de centésimos:

$\frac{25}{100} = 0{,}25$ $1\frac{30}{100} = 1{,}3$

vinte e cinco centésimos   um inteiro e trinta centésimos

Atividades

1 Represente cada quantidade a seguir com a fração correspondente a ela.

a) três centésimos _____

b) seis inteiros e vinte centésimos _____

c) dois inteiros e setenta centésimos _____

d) um inteiro e seis décimos _____

e) quarenta e nove décimos _____

f) noventa e oito centésimos _____

Observe um exemplo de milésimo:

$\frac{193}{1\,000} = 0{,}193$

cento e noventa e três milésimos

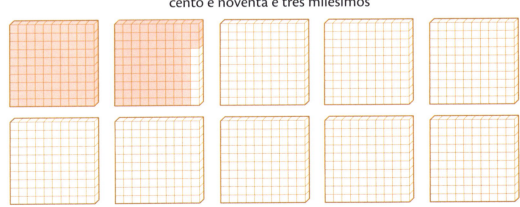

2 Represente cada quantidade a seguir com a fração correspondente a ela.

a) cinco milésimos _____

b) três inteiros e cento e três milésimos _____

c) vinte e dois inteiros e duzentos milésimos _____

d) noventa e oito inteiros e dez milésimos _____

e) doze inteiros e cem milésimos _____

f) quarenta e sete milésimos _____

3 Ligue o número decimal a sua forma escrita por extenso.

a) 1,027 ●   ● doze inteiros e três milésimos

b) 0,16 ●   ● dez milésimos

c) 0,010 ●   ● um inteiro e vinte e sete milésimos

d) 12,003 ●   ● nove décimos

e) 0,9 ●   ● dezesseis centésimos

4 Compare os números decimais a seguir usando os sinais > (maior que) e < (menor que).

a) 0,25 _____ 0,2   d) 6,031 _____ 6,31

b) 9,05 _____ 9,0   e) 42,027 _____ 42,026

c) 148,1 _____ 14,81   f) 3,5 _____ 0,35

5 Represente as frações a seguir com números decimais.

a) $4\frac{25}{100}=$ _____   d) $246\frac{26}{1\,000}=$ _____

b) $8\frac{9}{10}=$ _____   e) $10\frac{306}{1\,000}=$ _____

c) $\frac{136}{1\,000}=$ _____   f) $79\frac{7}{10}=$ _____

6 Escreva a fração que corresponde à parte pintada de cada figura.

a)   b)  c)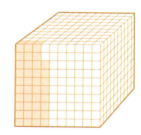

_____   _____   _____

7 Represente cada número decimal a seguir em fração.

a) 2,104 = _____   d) 0,25 = _____

b) 26,37 = _____   e) 0,304 = _____

c) 0,4 = _____   f) 6,01 = _____

NOME: _____ DATA: _____

Adição de números decimais

Na **adição de números decimais** colocamos vírgula embaixo de vírgula e seguimos a mesma regra dos números naturais. Os algarismos ficam embaixo um do outro conforme as ordens decimais. Se necessário, as ordens vazias podem ser completadas com zeros.

Veja um exemplo:

■ Lúcia comprou um bolo por R$ 13,50 e duas garrafas de suco por R$ 7,00. Quantos reais ela gastou?

 +  →

```
  13,50
+  7,00
-------
  20,50
```

R$ 13,50   R$ 7,00

Resposta: Ela gastou R$ 20,50.

##

1 Resolva as adições.

a) 0,257 + 1,32

d) 2,250 + 3,741

g) 32,4 + 1,37

b) 32,647 + 2,212 + 30,600

e) 264,1 + 603,210

h) 23,631 + 1,204

c) 42,37 + 50,10 + 30,07

f) 1,793 + 5,100 + 3,000

i) 4,73 + 58,01

2 Escreva em números decimais os valores correspondentes às quantias a seguir.

a) _____

b) _____

c) _____

3 Resolva as situações-problema.

a) Laís arrumou as malas para viajar. Uma mala tem 29,5 kg e a outra, 31 kg. Qual é o peso total das malas de Laís?

Resposta: _____

b) Isa foi à feira e gastou R$ 25,00 de legumes, R$ 21,50 de frutas e R$ 14,30 de verduras. Quantos reais Isa gastou?

Resposta: _____

c) Para pintar a casa, Tadeu gastou R$ 1.256,00 em tintas, R$ 346,00 em pincéis e R$ 187,80 em lixas. Quantos reais Tadeu gastou?

Resposta: _____

NOME: _____ DATA: _____

Subtração de números decimais

Na **subtração de números decimais** colocamos vírgula embaixo de vírgula e seguimos a mesma regra dos números naturais. Os algarismos ficam embaixo um do outro conforme as ordens decimais. Se necessário, as ordens vazias podem ser completadas com zeros.

Veja um exemplo:

- Em uma liquidação, Samuel comprou uma TV de R$ 869,48 por R$ 758,25. Quanto ele economizou?

```
  869,48
− 758,25
  111,23
```

Resposta: Samuel economizou R$ 111,23.

Atividades

1 Resolva as subtrações.

a) 87,6 − 25,4

d) 964,22 − 620,10

g) 672,5 − 21,3

b) 476,85 − 34,52

e) 7 462,38 − 250,16

h) 389,25 − 134,10

c) 1 890,32 − 770,12

f) 5 159,76 − 2 016,00

i) 342,80 − 111,40

2 Resolva as situações-problema.

a) Da estação de trem até o centro da cidade são 28,30 km. O táxi que traz Júlio já percorreu 15,20 km. Quantos quilômetros faltam percorrer para chegar ao centro da cidade?

Resposta: _____

b) Lorena comprou uma mochila no valor de R$ 76,80. Ela deu R$ 80,00 ao vendedor. Quanto ela recebeu de troco?

Resposta: _____

c) O Pico da Neblina, situado no estado do Amazonas, é o pico mais alto do Brasil, com 2 993,8 metros. O segundo mais alto é o Pico 31 de Março, situado entre o Amazonas e a Venezuela, com 2 972,7 metros. Qual é a diferença em metros entre os dois picos?

Resposta: _____

d) Maria recebeu de salário R$ 2.837,82. Separou R$ 1.900,20 para as despesas do mês e o restante colocou na poupança. Quantos reais Maria colocou na poupança?

Resposta: _____

e) Roberto foi ao açougue comprar a mesma quantidade de carne e frango, porém o açougueiro se atrapalhou e colocou 3,250 kg de carne bovina e 2,150 kg de frango. Quantos quilos de carne bovina ele recebeu a mais do que de frango?

Resposta: _____

Matemática

Multiplicação com números decimais

A **multiplicação dos números decimais** segue a mesma regra dos números naturais. Após a multiplicação, contam-se as casas decimais dos fatores para posicionar a vírgula no produto.

Veja um exemplo:

- Jurema usou 3,30 m de fita em sua fantasia de Carnaval. Célia usou o dobro. Quantos metros de fita Célia usou?

$$\begin{array}{r} 3{,}30 \\ \times 2 \\ \hline 6{,}60 \end{array}$$ → duas casas decimais

→ duas casas decimais

Resposta: Célia usou 6,60 metros de fita.

Atividades

1 Resolva as multiplicações.

a) 264,3 × 3

b) 5 × 1,213

c) 2 × 1,49

d) 403,67 × 2

e) 4 × 0,56

f) 9 × 1,57

g) 32,142 × 2

h) 6 × 0,231

i) 7 × 21,01

Para multiplicar números decimais por **10**, **100** ou **1 000**, basta deslocar a vírgula **uma**, **duas** ou **três** casas decimais para a **direita**, respectivamente. Observe:

10 × 2,15 = 21,5   100 × 2,15 = 215   1 000 × 2,15 = 2 150

2 Agora, calcule as multiplicações a seguir.

a) 100 × 52,69 = _____   c) 0,61 × 1 000 = _____   e) 2,53 × 10 = _____

b) 10 × 0,436 = _____   d) 1 000 × 23,64 = _____   f) 100 × 8,3 = _____

Observe um exemplo de multiplicação entre dois números decimais:

$$\begin{array}{r} 12{,}51 \\ \times\ \ 2{,}5 \\ \hline 6255 \\ +\ 2502\ \ \\ \hline 31{,}275 \end{array}$$

12,51 → duas casas decimais
2,5 → uma casa decimal
2 + 1 = 3 casas decimais
31,275 → três casas decimais

3 Calcule as multiplicações de acordo com o exemplo acima.

a) 2,2 × 1,2

b) 4,3 × 2,1

c) 4,01 × 4,2

d) 6,32 × 2,1

e) 301,2 × 2,4

f) 10,1 × 3,1

g) 20,4 × 2,3

h) 42,12 × 3,2

i) 0,03 × 5,2

198 Matemática

NOME: _____ DATA: _____

Revisando adição, subtração e multiplicação com números decimais

Atividades

1 Calcule as operações.

a) 1,340 + 1,215

d) 0,884 + 1,320

g) 2,134 + 0,765

b) 14,387 − 2,154

e) 27,35 − 22,14

h) 8,989 − 3,630

c) 2,243 × 1,3

f) 15,24 × 3,1

i) 4,3 × 2,3

Matemática 199

2 Resolva as situações-problema.

a) Andressa comprou 2,20 kg de salame por R$ 34,5 o quilo. Quantos reais ela gastou?

Resposta: _____

b) Se uma volta completa pela praça tem 65,37 metros, quantos metros Igor caminhará se percorrer 8 vezes a praça?

Resposta: _____

c) Mel comprou uma cafeteira e dividiu o pagamento em 8 parcelas de R$ 79,50. Quantos reais custou a cafeteira?

Resposta: _____

d) Jonas fez 3 jarras de suco. Se em cada jarra cabem 2,5 litros, quantos litros de suco Jonas fez?

Resposta: _____

e) Roberta foi à feira e colocou na mesma sacola: 1,50 kg de chuchu, 2,250 kg de mandioca, 1,050 kg de cebola e 2,50 kg de tomate. Com quantos quilos a sacola de Roberta ficou?

Resposta: _____

Matemática

Divisão de números decimais

Podemos dividir um número decimal por um número inteiro. Veja:
- Iracema quer dividir 17,2 metros de tecidos em 4 partes iguais. Quantos metros de tecido terá cada parte?

```
 D   U   d
 1   7,  2 | 4
-1   6     | 4,3
─────────
 0   1   2   Ud
    -1   2
    ─────
     0   0
```

- Dividimos 17 por 4, resultando em 4 unidades. Multiplicamos 4 por 4 e temos 16. Subtraímos 16 de 17 e resta 1 unidade ou 10 décimos.
- Como vamos utilizar os décimos, acrescentamos uma vírgula no quociente (separando a parte inteira da decimal), baixamos os 2 décimos e continuamos a divisão do número 12.
- Dividimos 12 por 4, resultando em 3 décimos. Multiplicamos 3 por 4 e temos 12. Subtraímos 12 de 12 e resta zero.

Resposta: Cada parte de tecido terá 4,3 metros.

Atividades

1) Resolva as divisões de números decimais por números inteiros.

a) 8,1 : 4

b) 9,3 : 2

c) 5,6 : 5

Podemos dividir um número decimal por outro número decimal. Observe o exemplo:

$$9,84 : 2,4$$

U	d	c		Udc
9	8	4		240
−9	6	0		4,1
0	2	4	0	Ud
	−2	4	0	
	0	0	0	

- Primeiro igualamos as casas decimais do dividendo e do divisor acrescentando zeros.
- Eliminamos as vírgulas.
- Dividimos os números inteiros normalmente.
- Por fim, colocamos a vírgula para separar a unidade dos décimos.

Veja outra maneira de realizar essa divisão:

$$9,84 : 2,4 = \frac{9,84 \times 100}{2,4 \times 100} = \frac{984}{240}$$

$$\frac{984}{240} = 984 : 240$$

UdcUdc

984 | 240

- Toda divisão pode ser escrita em fração.
- Primeiro transformamos numerador e denominador em números inteiros.
- Multiplicamos numerador e denominador por 10, 100 ou 1 000, de acordo com as casas decimais necessárias para transformar o número em inteiro.
- Dividimos os números inteiros normalmente.
- Por fim, colocamos a vírgula para separar a unidade dos décimos.

2 Resolva as divisões de números decimais por números decimais.

a) 57,1 : 2,5

b) 55,0 : 2,2

c) 181,04 : 1,25

d) 0,930 : 2,5

e) 98,1 : 2,0

f) 0,750 : 2,5

202 Matemática

Um pouco mais sobre divisão de números decimais

Seu Felipe quer dar a seus três netos um presente de mesmo valor. Ele tem R$ 159,15 para comprar os 3 presentes. Quantos reais ele gastará em cada um?

```
CDU dc
 159,15  | 3
- 15     | 53,05
  009    DU dc
 - 9
  015
 - 15
   00
```

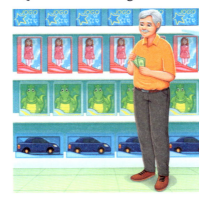

R$ 159,15 : 3??

Resposta: Ele gastará R$ 53,05 em cada um.

Atividades

1 Calcule as divisões.

a) 6,5 : 5

b) 24,64 : 4

c) 75,75 : 3

Em algumas divisões não exatas aparece no quociente uma série infinita de algarismos decimais que, a partir de certo algarismo, repetem-se em grupos de um ou mais algarismos, a isso damos o nome de dízima periódica. Por exemplo: 4 715 : 6 = 785,8333...

2 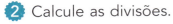 Calcule as divisões.

a) 7,55 : 4,5

b) 9,7 : 1,5

c) 281,25 : 6,75

Matemática 203

3 Resolva as situações-problema.

a) André comprou uma passagem por R$ 553,20 e dividiu esse valor em 6 parcelas iguais. Qual é o valor de cada parcela?

Resposta: _____

b) Se uma caixa com 7 DVDs custa R$ 329,21, qual é o preço de cada DVD?

Resposta: _____

c) Jaci comprou 7,5 metros de corda e quer dividi-la igualmente em 3 cordas menores. Qual será o tamanho de cada corda?

Resposta: _____

d) João quer fazer 12 pias de mesmo comprimento com uma peça de mármore de 14,4 metros. Qual será o comprimento de cada pia?

Resposta: _____

Matemática

Porcentagem

A **porcentagem** pode ser definida como parte de um inteiro dividido em 100 partes. É também uma fração de denominador igual a 100.
Assim como qualquer fração, a porcentagem ainda pode ser representada por números decimais. Veja:

$$97\% = \frac{97}{100} \text{ ou } 0{,}97$$

$$2{,}15\% = \frac{2{,}15}{100} \text{ ou } 0{,}0215$$

$$0{,}85\% = \frac{0{,}85}{100} \text{ ou } 0{,}0085$$

O símbolo de porcentagem ou percentual é o **%** (por cento).

Atividades

1 Escreva como lemos as porcentagens a seguir.

a) 27% _____
b) 13% _____
c) 98% _____
d) 50% _____
e) 71% _____
f) 62% _____

2 Transforme as porcentagens em frações.

a) 35% = _____   c) 9% = _____   e) 86% = _____

b) 19% = _____   d) 27% = _____   f) 55% = _____

Agora veja como podemos calcular a porcentagem de uma quantidade.

- Das 320 mangas colhidas pelo produtor, 25% estavam estragadas. Quantas mangas estavam estragadas?

$$25\% \text{ de } 320 = \frac{25}{100} \times 320 = \frac{8\,000}{100} = 80$$

Resposta: 80 mangas estavam estragadas.

Matemática

3 Calcule:

a) 33% de 680	c) 24% de 810	e) 3% de 78
b) 40% de 536	d) 85% de 754	f) 58% de 340

4 Resolva as situações-problema.

a) De uma peça de tecido com 95 metros, Júlia utilizou 60% para fazer roupinhas de bebês. Quantos metros do tecido Júlia utilizou?

Resposta: _____

b) Na granja de Nicolau, dos 480 ovos incubados para chocar, 10% foram descartados. Quantos ovos foram chocados? Quantos ovos foram descartados?

Resposta: _____

c) Dos 920 votos apurados, 70% foram para Camila. Quantos votos Camila obteve?

Resposta: _____

d) Ao pagar uma compra de 720 reais, no caixa da loja, Fábio ganhou 30% de desconto. Que valor Fábio pagou pela compra?

Resposta: _____

NOME: _____ DATA: _____

Gráficos

Gráficos são representações visuais que transmitem informações e dados importantes de forma simples, clara e objetiva. Eles costumam ser utilizados em jornais, revistas, internet etc.
Há vários tipos de gráficos (de colunas, barras, setor), que utilizamos de acordo com o tipo de informação que queremos passar.

Vamos ler

Jovens só querem saber de bebida açucarada

Pesquisadores da Universidade Estadual do Rio de Janeiro (UERJ) constataram que o consumo de bebidas açucaradas representa cerca de 20% do total de energia média consumida diariamente por jovens entre 9 e 16 anos, em um estudo que envolveu 1423 estudantes de escolas municipais e estaduais de Niterói (RJ). O resultado mostrou que 60% dos estudantes tomam refrigerantes, sucos e guaraná natural regularmente.

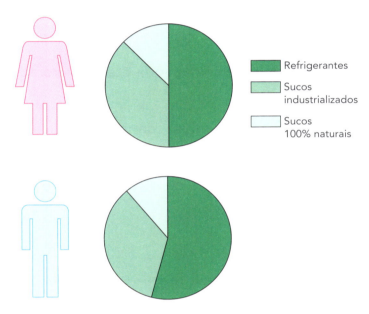

Elaine Pádua. Jovens só querem saber de bebida açucarada.
Revista Viva Saúde, São Paulo: Escala, n. 86, p. 76.

Atividades

1 Na 30ª edição dos Jogos Olímpicos em Londres, a delegação brasileira levou 259 competidores. Veja o gráfico de colunas a seguir.

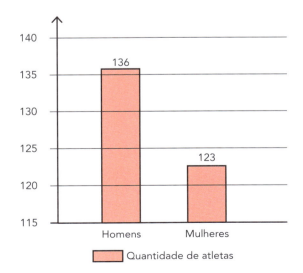

a) Qual foi a quantidade de atletas homens?
_____

b) Qual foi a quantidade de atletas mulheres?
_____

Matemática 207

2 Uma locadora de vídeos fez uma pesquisa sobre os gêneros de filmes mais locados no semestre. Veja o resultado no gráfico de setores a seguir.

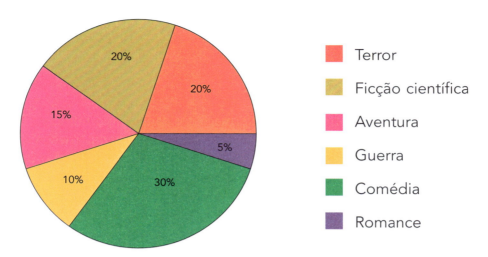

a) Qual foi o gênero de filme mais locado?

b) Qual foi o percentual que esse gênero apresentou?

c) Qual foi o percentual com menor índice?

d) Qual é a diferença de percentual entre o gênero mais locado e o menos locado?

3 A escola quer reduzir o consumo de energia. A primeira ação foi fazer um levantamento do consumo de cada mês do 1º semestre. Veja o gráfico de barras a seguir.

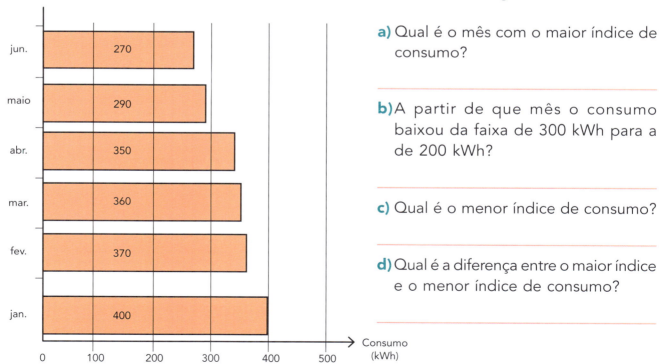

a) Qual é o mês com o maior índice de consumo?

b) A partir de que mês o consumo baixou da faixa de 300 kWh para a de 200 kWh?

c) Qual é o menor índice de consumo?

d) Qual é a diferença entre o maior índice e o menor índice de consumo?

Matemática

NOME: _____ DATA: _____

Medida de tempo

A unidade fundamental de medida de tempo é o **segundo**. O símbolo do segundo é **s**.
Para medir a duração de um dia usamos as unidades de medida de tempo: **hora (h)**, **minuto (m)** e **segundo (s)**.

Bill Watterson. *O mundo é mágico: as aventuras de Calvin & Haroldo.*
São Paulo: Conrad Editora, 2007. p. 134.

Atividades

1 Organize as letras e escreva o nome de um dos instrumentos que os seres humanos inventaram para medir o tempo.

O L Ó I G E R _____

2 Circule os múltiplos do dia.

semana   hora   mês   minuto   ano

3 Faça a correspondência entre as colunas.

minuto		• min
		• 60 min
		• d
hora		• 60 s
		• 24 h
dia		• h

Matemática 209

4 Escreva corretamente as horas a seguir. Veja o exemplo.

a) 5 h 35 min 17 s 5 horas, 35 minutos e 17 segundos

b) 10 h 21 min 56 s _____

c) 21 h 52 min 9 s _____

d) 9 d 3 h 19 min 2 s _____

e) 26 h 30 min _____

5 Transforme as unidades de tempo.

horas → minutos → segundos

a) 3 → _____ → _____

b) 5 → _____ → _____   × 60

c) 9 → _____ → _____

segundos → minutos → horas

d) 7 200 → _____ → _____

e) 10 800 → _____ → _____   : 60

f) 18 000 → _____ → _____

dia → horas

g) 4 → _____

h) 1 → _____   × 24

i) 8 → _____

6 Pinte os quadros de acordo com a legenda.

- semana
- quinzena
- mês
- ano
- década
- século
- milênio
- ano bissexto

| 10 anos | 365 dias | 15 dias | 7 dias | 1 000 anos |
| 60 dias | 28, 30 e 31 dias | 100 anos | 90 dias | 29 dias em fevereiro |

7 Calcule os períodos de tempo pedidos a seguir.

a) Permaneço 4,5 horas na escola. Quantos minutos fico na escola?

_____

b) Um jogo de futebol tem 2 tempos de 45 minutos. Quantas horas tem no total?

_____

210 Matemática

NOME: _____ DATA: _____

Medida de massa

A unidade fundamental de medida de massa é o **quilograma**. O símbolo do quilograma é o **kg**.

Atividades

1 Elimine as letras **D** e **O** e forme o nome do instrumento usado para medir o peso de um corpo.

O D B O A D L O D A D N O Ç D O A _____

2 Relacione as colunas.

1	g (grama)
2	kg (quilograma)
3	mg (miligrama)
4	hg (hectograma)
5	cg (centigrama)
6	dg (decigrama)
7	dag (decagrama)

☐ 0,1 g
☐ 100 g
☐ 1 g
☐ 0,001 g
☐ 1000 g
☐ 10 g
☐ 0,01 g

3 Responda às questões a seguir.

a) Quais são os múltiplos do grama?

_____

b) Quais são os submúltiplos do grama?

_____

4 Em cada item, pinte o quadro que traz a resposta correta.

a) Símbolo da arroba, unidade mais utilizada para indicar a massa de gado, e sua equivalência em quilogramas.

| 1 A = 10 kg | 1 @ = 15 kg | 1 # = 15 kg | 1 @ = 100 kg |

b) Unidade utilizada para medir massa de diamantes e outras pedras preciosas.

| 1 kg | 100 g | 1 quilate = 0,2 g | 1 @ = 0,2 g |

c) Símbolo da tonelada e sua equivalência em quilogramas.

| t = 5 000 g | t = 100 kg | t = 1 000 kg | t = 10 kg |

5 Escreva a unidade de medida mais apropriada para medir a massa dos itens a seguir.

a)

c)

e)

g)

b)

d)

f)

h)

Para transformar uma unidade de medida em outra imediatamente:
- inferior, multiplica-se o valor pelo número 10 ou desloca-se a vírgula uma casa decimal para a direita;
- superior, divide-se o valor pelo número 10 ou desloca-se uma casa decimal para a esquerda.

6 Efetue as transformações:

a) 8 kg = _____ g

b) 3 @ = _____ kg

c) 2 g = _____ mg

d) 5 000 mg = _____ g

e) 6 t = _____ kg

f) $\frac{1}{4}$ t = _____ kg

g) 75 g = _____ kg

h) 3 g = _____ mg

i) $\frac{1}{2}$ @ = _____ kg

j) 12 kg = _____ g

Matemática

Medida de comprimento

A unidade fundamental de medida de comprimento é o **metro**. O símbolo do metro é **m**.

1. Encontre no diagrama o nome de alguns instrumentos usados para medir comprimento.

N	M	E	T	R	O	*	A	R	T	I	C	U	L	A	D	O
*	A	S	E	J	Y	T	R	W	L	*	Ó	K	O	U	A	S
E	*	O	R	T	B	D	*	F	H	L	O	*	P	T	X	T
R	É	G	U	A	C	F	I	M	*	P	S	V	A	*	C	R
E	G	*	H	J	R	U	*	A	S	E	G	Q	U	F	I	E
P	N	B	V	X	S	S	*	X	Z	É	*	A	S	E		N
T	H	F	I	T	A	*	M	É	T	R	I	C	A	I	A	A

2. Preencha a tabela com os múltiplos e submúltiplos do metro.

Múltiplos				Submúltiplos		
km (quilômetro)	hm (hectômetro)	dam (decâmetro)	m (metro)	dm (decímetro)	cm (centímetro)	mm (milímetro)
			1 m			

Matemática 213

3 Escreva por extenso estas unidades de medidas.

a) 18 m _____

b) 14 cm _____

c) 95 dm _____

d) 109 km _____

e) 30 dam _____

f) 15 mm _____

4 Com a régua, trace uma linha com:

a) 5 cm;

b) 10 mm.

Para transformar uma unidade de medida em outra imediatamente:
- inferior, multiplica-se o valor pelo número 10 ou desloca-se a vírgula uma casa decimal para a direita;
- superior, divide-se o valor pelo número 10 ou desloca-se uma casa decimal para a esquerda.

---

5 Efetue as transformações:

a) 5 cm _____ m

b) 10 km _____ m

c) 0,5 m _____ cm

d) 4,5 mm _____ cm

e) 16 110 m _____ km

f) 80 cm _____ mm

g) 140 mm _____ cm

h) 0,03 km _____ m

6 Represente com algarismos as medidas de comprimento citadas nas frases.

a) A distância da cidade de Belo Horizonte a Ouro Preto é de noventa e sete quilômetros.
_____

b) Comprei quinze centímetros de fita de cetim vermelha.
_____

c) O eletricista pediu trinta metros de fio.
_____

7 Se para fazer um balanço é preciso 4 metros de corda, quantos metros serão necessários para fazer 6 balanços?

Resposta: _____

NOME: _____ DATA: _____

Medida de capacidade

A unidade fundamental de medida de capacidade de um recipiente é o **litro**.
O símbolo do litro é **L** ou **ℓ**.

Atividades

1. Organize as sílabas e encontre as unidades de capacidade mais utilizadas no cotidiano.

   TRO LI MI LI   TRO LI

   a) _____   b) _____

2. Organize no quadro o nome dos múltiplos e submúltiplos do litro.

   centilitro   decalitro   quilolitro
   mililitro   decilitro   hectolitro

Unidades	Símbolos	Valores
	kL	1 000 L
	hL	100 L
	daL	10 L
litro	L	1 L
	dL	0,1 L
	cL	0,01 L
	mL	0,001 L

Matemática 215

Para transformar uma unidade de medida em outra imediatamente:
- inferior, multiplica-se o valor pelo número 10 ou desloca-se a vírgula uma casa decimal para a direita;
- superior, divide-se o valor pelo número 10 ou desloca-se uma casa decimal para a esquerda.

3 Efetue as transformações.

a) $\frac{5}{10}$ L _____ mL

b) 3 500 mL _____ L

c) 0,7 L _____ mL

d) 2 000 mL _____ L

e) 200 mL _____ L

f) $\frac{1}{2}$ L _____ mL

g) 1 000 mL _____ L

h) 0,5 L _____ mL

4 Resolva as situações-problema.

a) Lorena bebeu $\frac{2}{8}$ de 1 litro de suco. Quantos mililitros Lorena bebeu?

Resposta: _____

b) Sabendo que em um copo cabem 150 mL e em uma receita de sorvete pedem-se 3 copos de leite, quantos mililitros de leite serão utilizados?

Resposta: _____

c) Em um recipiente cabem 2 500 mL. Quantos litros cabem nesse recipiente?

Resposta: _____

NOME: _____ DATA: _____

Geometria

Ângulos

Ângulo é a abertura entre duas semirretas que têm um único ponto em comum.
As duas semirretas formam os **lados** do ângulo, e o ponto de origem delas é o **vértice**.

Atividades

1 Observe o ângulo formado pelas pernas do capoeirista. Depois, na representação ao lado dele, indique as partes do ângulo de acordo com a legenda.

A – vértice do ângulo   B e C – lados do ângulo

2 Marque com um **X** as informações corretas.

a) ☐ Todos os ângulos têm a mesma abertura.

b) ☐ Transferidor é o instrumento utilizado para medir a abertura de um ângulo.

c) ☐ O transferidor vem marcado em peso.

d) ☐ O grau é a unidade de medida de ângulos, obtida pela divisão da circunferência em 360 partes iguais.

e) ☐ Vértice é o ponto de origem comum das duas semirretas que formam o ângulo.

f) ☐ O ângulo tem dois lados.

Matemática

3 Circule o instrumento que é utilizado para medir ângulos.

4 Numere a segunda coluna de acordo com a primeira.

1	ângulo reto
2	ângulo agudo
3	ângulo obtuso
4	ângulo raso

☐ ângulo menor que 90°

☐ ângulo entre 90° e 180°

☐ ângulo com 90°

☐ ângulo com 180°

5 Observe as imagens a seguir, escreva as medidas dos ângulos e classifique-os.

a)

b)

c)

6 Observe as figuras, encontre os ângulos delas e classifique-os.

a)

b)

c)

NOME: _____ DATA: _____

Polígonos

Polígonos são figuras geométricas planas fechadas formadas por segmentos de retas consecutivos que não se cruzam. Os polígonos têm: **lados**, **vértices** e **ângulos**.
Observe o contorno desta piscina.

Atividades

1 Encontre no diagrama o nome das partes de um polígono e escreva-os ao lado da figura.

L	I	H	S	V	É	R	T	I	C	E	E
A	N	É	A	C	G	I	Q	U	I	B	Q
D	C	Â	N	G	U	L	O	D	G	J	R
O	L	O	R	W	D	Â	N	R	T	N	Y

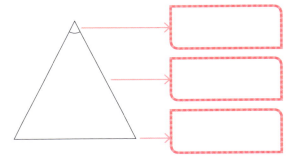

2 Escreva **V** para as afirmações verdadeiras e **F** para as falsas.

a) ☐ O círculo é um polígono.

b) ☐ O número de lados de um polígono é igual ao número de vértices e ângulos.

c) ☐ A denominação de um polígono está relacionada à quantidade de ângulos ou vértices que apresenta.

d) ☐ Polígonos podem ser figuras abertas.

e) ☐ Os polígonos são formados por segmentos de retas.

f) ☐ Cada segmento de reta do polígono é chamado de lado.

Matemática

3 Usando as palavras do quadro, nomeie os polígonos adequadamente.

> triângulo – quadrilátero – pentágono – hexágono
> heptágono – octógono – eneágono – decágono

a) 10 lados _____

b) 5 lados _____

c) 8 lados _____

d) 4 lados _____

e) 3 lados _____

f) 9 lados _____

g) 6 lados _____

4 Os triângulos podem ser classificados quanto à medida de seus lados. Ligue as características de cada triângulo à respectiva classificação.

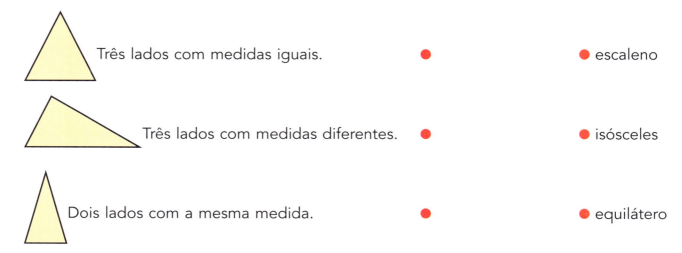

Três lados com medidas iguais. • • escaleno

Três lados com medidas diferentes. • • isósceles

Dois lados com a mesma medida. • • equilátero

5 Os triângulos também podem ser classificados quanto aos tipos de ângulos que apresentam. Organize as sílabas e descubra-os.

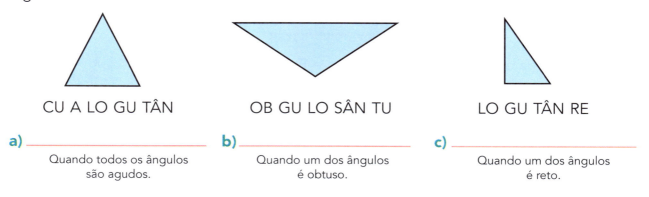

CU A LO GU TÂN   OB GU LO SÂN TU   LO GU TÂN RE

a) _____
Quando todos os ângulos são agudos.

b) _____
Quando um dos ângulos é obtuso.

c) _____
Quando um dos ângulos é reto.

6 Desenhe três quadriláteros e nomeie-os.

220 Matemática

NOME: _____ DATA: _____

Perímetro

Perímetro é a medida do contorno de uma figura geométrica plana.

O galinheiro tem 1,5 m de largura por 3 metros de comprimento.

Perímetro = 1,5 + 3 + 1,5 + 3 = 9 ou (1,5 × 2) + (3 × 2) = 9.
O perímetro do galinheiro é 9 metros.

Atividades

1 Calcule o perímetro das figuras a seguir.

a)
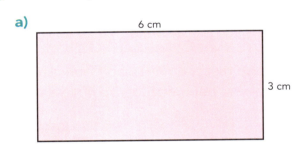

c)
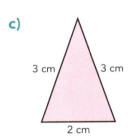

b)
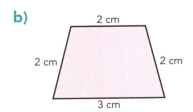

d)
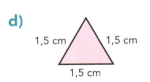

e)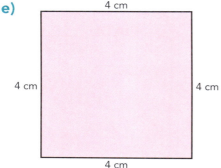

f)

2 Resolva as situações-problema.

a) Caio precisa cercar um terreno que tem um lado com 18 m, dois lados com 20 m e outro lado com 24 m. Qual é o perímetro desse terreno?

Resposta: _____

b) Qual é o perímetro de um salão retangular que tem dois lados com 30,5 m e dois lados com 15 m?

Resposta: _____

c) Para ampliar um sanitário para Laura, uma aluna cadeirante, é necessário que dois lados do ambiente tenham 3 m e dois lados, 1,8 m. Qual é o perímetro desse novo sanitário?

Resposta: _____

d) Um terreno destinado à construção de um parquinho foi medido em quatro lados iguais de 15,50 m. Qual é o perímetro desse terreno?

Resposta: _____

NOME: _____ DATA: _____

Área de figuras planas

O **metro quadrado**, símbolo **m²**, é a unidade de medida utilizada para calcular a área de uma superfície plana.

O laranjal tem 100 m².

Atividades

1 Existem outras unidades de medidas de área. Faça a correspondência entre as colunas.

a) cm² • • Utilizado para áreas como municípios, estados e países.
b) m² • • Utilizado para áreas pequenas.
c) km² • • Utilizado para áreas como jardins, salas e terrenos.

Área de um quadrado

- Para calculá-la, multiplicamos a medida do lado desse quadrado por ela mesma.

ℓ Área = $\ell \times \ell$

2 Calcule a área dos quadrados a seguir.

a) 3 cm / 3 cm

b)  10 cm / 10 cm

c) 20 cm / 20 cm

Matemática 223

Área de um retângulo

- Para calculá-la, multiplicamos a medida de sua base pela medida de sua altura. 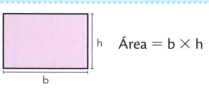 Área = b × h

3 Calcule a área dos retângulos a seguir.

a) 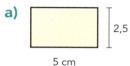 2,5 cm / 5 cm

b)  4 cm / 7 cm

c) 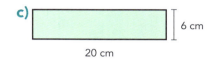 6 cm / 20 cm

Área de um triângulo

- Para calculá-la, multiplicamos a medida de sua base pela medida de sua altura e dividimos o resultado por 2. Área = $\dfrac{b \times h}{2}$

4 Calcule a área dos triângulos a seguir.

a) 6 cm / 5 cm

b) 7,5 cm / 5 cm

c) 6 cm / 8,5 cm

5 Marcela quer colocar piso na varanda de sua casa, que tem forma retangular e as medidas: 8,5 metros de comprimento por 4,2 metros de largura. Qual é a área total da varanda?

Resposta: _____

Volume

Volume é a medida do espaço ocupado por um corpo. O símbolo de volume é o **V**. Uma das unidades de medida usadas para expressar volume é o **metro cúbico** ou **m³**.

Atividades

1) Há outras unidades de medidas de volume. Observe a figura a seguir e circule a unidade de volume que ela apresenta.

$V = 1\,cm \times 1\,cm \times 1\,cm = 1\,cm^3$

a) quilômetro cúbico   c) decâmetro cúbico   e) centímetro cúbico
b) hectômetro cúbico   d) decímetro cúbico   f) milímetro cúbico

2) Calcule o volume de cada sólido a seguir sabendo que o volume de cada cubo é igual a 1 cm³.

a)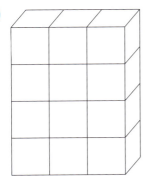

b)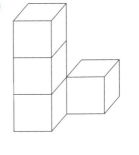

Volume de um cubo

- Para calculá-lo, multiplicamos as medidas das arestas.

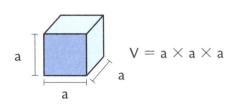

$V = a \times a \times a$

3 Calcule o volume dos cubos a seguir.

a)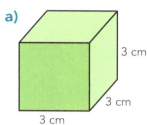

b)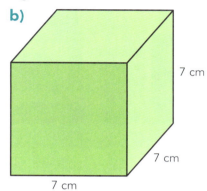

c)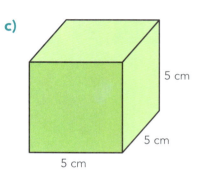

Volume de um paralelepípedo

- Para calculá-lo, multiplicamos as três medidas: comprimento, largura e altura.

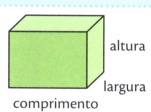

$V = c \times l \times a$

4 Calcule o volume dos paralelepípedos a seguir.

a)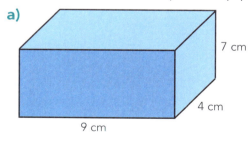

b)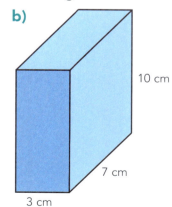

c)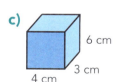

NOME: _____ DATA: _____

O tempo, a história

Vamos ler

Tic tac, passa tempo, tic tac, passa hora...

Você sabe que o tempo passa, mas será que todo mundo percebe isso do mesmo jeito?

[...]

Pensar sobre o tempo faz parte da experiência humana. Apesar de cada homem ser diferente, de sentirmos cada instante de maneira diferente, nisto somos todos iguais: os humanos percebem a passagem do tempo, contam o tempo, organizam o tempo. Criam comemorações, inventam calendários, organizam álbuns de fotos.

[...]

Disponível em: <http://chc.cienciahoje.uol.com.br/tic-tac-passa-tempo-tic-tac-passa-hora/#comment-17111>. Acesso em: jul. 2015.

Atividades

1 O calendário adotado no Brasil é o gregoriano, de base cristã. De acordo com seu conhecimento sobre nosso calendário, assinale as respostas corretas em cada item.

a) O calendário utilizado no Brasil tem como marco inicial:

- ▪ ☐ o nascimento de Jesus Cristo.
- ▪ ☐ o desembarque de Pedro Álvares Cabral nas terras que hoje formam o Brasil.
- ▪ ☐ o surgimento dos indígenas em nosso território.

b) Nosso calendário organiza e conta o tempo em:

- ▪ ☐ meses.
- ▪ ☐ dias.
- ▪ ☐ horas.
- ▪ ☐ semanas.
- ▪ ☐ minutos.
- ▪ ☐ anos.

c) O período de 12 meses é chamado de:

- ▪ ☐ semana.
- ▪ ☐ semestre.
- ▪ ☐ ano.

História 227

2 Ligue cada sigla a seu significado.

a) a.C. ●   ● depois de Cristo
b) d.C. ●   ● antes de Cristo

3 Complete o diagrama de palavras de acordo com as informações apresentadas.

a) Ciência que investiga o passado de uma pessoa ou povo e suas relações com o presente.
b) Nome dado ao período de 10 anos.
c) Nome dado ao período de 100 anos.
d) Nome dado ao período de 1 000 anos.

4 Pesquise e responda às questões.

a) Em qual século estamos? _____

b) Em qual milênio estamos? _____

5 No espaço a seguir, faça uma linha do tempo com os fatos que julgar mais marcantes em sua história.

228 História

NOME: _____ DATA: _____

Brasil: dos nativos aos europeus

Antes da chegada dos europeus, as terras que formam nosso país eram habitadas por sociedades nativas. No final do século XV e início do século XVI, os portugueses que aqui chegaram tomaram posse da terra, colonizaram e exploraram seus habitantes. Anos depois, trouxeram africanos como escravos para trabalhar na lavoura. Da fusão entre as sociedades indígenas, europeias e africanas que aqui se estabeleceram construiu-se o país no qual vivemos.

Atividades

1 Com base em seu conhecimento sobre a história de nosso país, numere as imagens na ordem cronológica dos acontecimentos.

Capitanias hereditárias

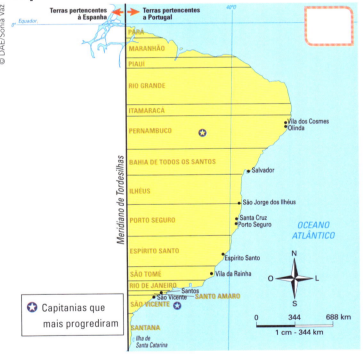

Fonte: José Jobson de A. Arruda. *Atlas histórico básico.* 17. ed. São Paulo: Ática, 2011. p. 36.

Albert Eckhout. *Dança tapuia*, s/d. Óleo sobre madeira, 172 × 295 cm.

Jean-Baptiste Debret. *O colar de ferro*, 1835. Aquarela, 24,3 × 21,2 cm.

Oscar Pereira da Silva. *Desembarque de Pedro Álvares Cabral em Porto Seguro em 1500*, 1922. Óleo sobre tela, 190 × 333 cm.

História 229

2 Encontre no diagrama a palavra que corresponde a cada item a seguir e escreva-a.

a) Nome dado aos povos que habitavam nosso país antes da chegada dos portugueses.

_____

b) Principal grupo indígena que habitava o litoral quando os portugueses aqui chegaram.

_____

c) Primeira riqueza natural explorada pelos europeus.

_____

d) Outros quatro produtos que geraram lucro para o reino português.

_____

e) Regime de trabalho ao qual foram submetidos os africanos trazidos à força ao Brasil.

_____

f) Nome dado às comunidades que eram organizadas por escravos fugidos da opressão dos senhores de escravos e que lhes serviam de esconderijo.

_____

P	A	U	-	B	R	A	S	I	L	O	-
H	D	I	A	M	A	N	T	E	U	Z	C
-	T	Y	X	C	-	H	C	T	A	H	O
W	T	U	P	I	V	O	U	R	O	X	G
Y	-	N	A	Ç	Ú	C	A	R	H	M	A
E	S	C	R	A	V	I	D	Ã	O	O	D
E	Q	U	I	L	O	M	B	O	S	N	O
A	A	S	Z	E	I	H	J	F	D	-	M
I	N	D	Í	G	E	N	A	S	H	A	B

3 Sobre a transferência da família real e da Corte portuguesa para sua colônia na América, responda a estas questões.

a) Para qual cidade da colônia, que passou também a ser a nova capital, a família real se mudou?

_____

b) Quais foram as principais transformações e construções ocorridas em tal cidade nessa época?

_____

_____

História

NOME: _____ DATA: _____

Brasil: Império

D. João VI retornou a Portugal em 1820 e deixou o filho como príncipe regente governando o Brasil.

Em algumas províncias ocorreram conflitos e revoltas. A ideia de liberdade ia crescendo, e grandes proprietários e comerciantes pressionavam o regente a separar o Brasil de Portugal.

Dom Pedro proclamou a independência do Brasil em 7 de setembro de 1822, tornando-se o primeiro imperador do país, com o título de Dom Pedro I.

Pedro Américo. *Independência ou morte* (detalhe), 1888. Óleo sobre tela, 7,60 × 4,15 m.

Atividades

1 Com base na observação da imagem e da legenda, além de seu conhecimento sobre a Proclamação da Independência, responda às questões a seguir.

a) O que significou a independência do Brasil em relação a Portugal?

_____
_____

b) A tela acima foi pintada 66 anos após a independência do Brasil. Será que o artista quis enfatizar ou minimizar o acontecimento? Quais foram suas motivações? Antes de responder, faça uma pesquisa.

_____
_____
_____
_____

O Primeiro Reinado não satisfez o povo brasileiro. Dom Pedro I fechou a Assembleia Constituinte e decretou uma Constituição que lhe dava muitos poderes. Além disso, outros problemas, como a resistência de Portugal a aceitar a independência do Brasil e a manutenção do tráfico de escravos, fizeram com que ele renunciasse ao trono.

História

2 Marque um **X** nas informações verdadeiras.

a) ☐ As revoltas, a Conjuração Mineira e a Conjuração Baiana não foram importantes para a Proclamação da Independência.

b) ☐ O Primeiro Reinado, império de D. Pedro I, durou por volta de oito anos.

c) ☐ Em 1825, o Brasil pagou uma indenização para Portugal aceitar sua independência.

d) ☐ A grande dívida que o Brasil contraiu com a Inglaterra, a crise econômica que atravessava e o autoritarismo do imperador foram os motivos que levaram a população a pressionar D. Pedro I.

e) ☐ D. Pedro I renunciou ao trono em favor de seu filho Pedro de Alcântara.

f) ☐ A primeira Constituição brasileira foi elaborada por D. Pedro I e um pequeno grupo de pessoas.

3 Qual foi a razão de Pedro de Alcântara não assumir o governo quando seu pai, D. Pedro I, retornou a Portugal?

_____
_____
_____
_____

4 Circule as informações corretas em cada item.

a) No período de 1831 a 1840 o Brasil foi governado por:
- regentes.
- reis.
- rainhas.

b) Produto que passou a ser cultivado durante o século XIX e destacou o Brasil como maior produtor mundial.
- tomate
- café
- milho

c) Motivos que levaram o governo brasileiro a incentivar a vinda de imigrantes europeus para o Brasil.
- Alavancar o turismo.
- Embranquecer a população.
- Criar áreas de lazer.
- Substituir a mão de obra escravizada.
- Povoar as terras do sul do país.

5 Coloque **V** para as informações verdadeiras e **F** para as falsas.

a) ☐ Durante boa parte de seu governo, D. Pedro II contou com o apoio dos fazendeiros, da Igreja Católica e dos militares.

b) ☐ O fim da escravidão não influenciou o fim do império no Brasil.

c) ☐ A falta de valorização e os salários baixos fizeram com que a maioria dos militares se voltasse contra o imperador.

d) ☐ D. Pedro II contrariou uma ordem do papa, o que ocasionou uma revolta de membros da Igreja Católica, os quais, a partir de então, posicionaram-se contra a monarquia.

NOME: _____ DATA: _____

Brasil: os primeiros anos da República

Vamos ler

Liberdade, Liberdade! Abre as asas sobre nós

Liberdade, Liberdade!
Abre as asas sobre nós
E que a voz da igualdade
Seja sempre a nossa voz [...]

Niltinho Tristeza, Preto Joia, Vicentinho, Jurandir. CD *Os mais belos sambas-enredos de todos os tempos*, de Dudu Nobre. Universal Music, 2007. Faixa 5.

Benedito Calixto. *Proclamação da República*, 1893. Óleo sobre tela, 123,5 × 198,5 cm.

Atividades

1 Circule as informações corretas em cada item.

a) Nome do marechal que comandou o governo provisório.
- Manuel Deodoro da Fonseca
- Tiradentes
- D. Pedro I

b) Decisão do governo provisório em relação a D. Pedro II e a família real.
- dar abrigo
- expulsar
- aprisionar

c) Cidade onde se encontrava D. Pedro II e a família real quando ocorreu o golpe.
- São Paulo
- Petrópolis
- Portugal

d) Período em que D. Pedro II governou o Brasil.
- 10 anos
- 40 anos
- 50 anos

e) Documento que D. Pedro II escreveu para os brasileiros a fim de demonstrar sua tristeza ao deixar o país.
- carta
- poema
- livro

f) Período total em que o Brasil foi governado pelo regime monárquico.
- 80 anos
- 67 anos
- 100 anos

g) Documento que o governo provisório elaborou adequado aos ideais republicanos.
- nova carta a Portugal
- nova Constituição
- nova Certidão de Nascimento

h) Nome do novo sistema político instaurado no país.
- colônia
- república
- monarquia

i) Principal governante em um sistema político de república.
- presidente
- senador
- rei

História 233

2 Estas duas bandeiras são símbolos da república brasileira em momentos diferentes. Marque um **X** na bandeira usada atualmente e uma **+** na criada em 1889.

3 Sobre a Constituição de 1891, escreva **V** para as informações verdadeiras e **F** para as falsas.

a) ☐ D. Pedro II convocou eleições para a Assembleia Constituinte.

b) ☐ Em 24 de fevereiro de 1891 foi promulgada a Constituição da República do Brasil.

c) ☐ O Poder Legislativo, exercido pelo presidente, tinha como função elaborar as leis.

d) ☐ O Poder Executivo, exercido pelo presidente da República, tinha como função executar as leis.

e) ☐ Mulheres, mendigos e analfabetos tinham direito de votar.

f) ☐ O Poder Judiciário, formado por juízes, tinha como função fazer cumprir as leis.

g) ☐ A primeira eleição brasileira foi indireta.

h) ☐ O mandato para presidente seria de quatro anos e sem direito à reeleição.

i) ☐ As províncias passaram a ser chamadas de estados.

4 Como se chamou o período governado pelos dois primeiros presidentes do Brasil? Por quê?

_____

_____

5 Sobre esse período da República, leia e complete as informações adequadamente.

a) O Marechal _____, que era vice-presidente do governo de Marechal Deodoro da Fonseca, assumiu a presidência da República logo após este _____ ao cargo por pressão da Marinha, movimento que ficou conhecido por Primeira Revolta Armada, tornando-se o _____ presidente do Brasil.

b) A _____ foi promovida por alguns membros da Marinha, que pediam a renúncia do novo presidente por entenderem que o Exército estava com mais poder do que a Marinha, porém esse movimento foi duramente derrotado.

c) A _____ foi um movimento armado empreendido por políticos descontentes com o governo de Floriano Peixoto. Chegaram a proclamar a independência de Santa Catarina, mas o movimento foi derrotado devido à violência empregada pelo presidente para se manter no poder.

História

NOME: _____ DATA: _____

Brasil: República Oligárquica

A primeira eleição para presidente do Brasil, ainda no governo de Marechal Floriano Peixoto, marcou o início da República Oligárquica no Brasil.

Alfredo Storni. Charge publicada na *Revista Careta*, 1925. Essa imagem representa a Política do Café com Leite. Nela podemos observar representantes de São Paulo e Minas Gerais dividindo a cadeira da Presidência da República.

Atividades

1 Organize as sílabas e descubra o nome do primeiro presidente civil do Brasil.

DE   RAISMO   DENPRUTE

_____

2 Assinale com um **X** as informações corretas em cada item.

a) Estados que até 1930 conseguiram eleger presidentes em razão de sua importância econômica.

☐ Bahia   ☐ São Paulo   ☐ Aracaju   ☐ Minas Gerais

b) Principais produtos na economia desses estados.

☐ sal   ☐ café   ☐ açúcar   ☐ leite

3 Responda às questões a seguir.

a) Por causa da aliança entre esses dois estados, como ficou conhecida a política desse período?

_____

b) Como eram conhecidos os grandes fazendeiros nessa época? _____

c) O que você entende por voto de cabresto?

História 235

4 Relacione a segunda coluna com a primeira.

a) café

b) ciclo da borracha

c) riqueza vinda do ciclo da borracha

d) melhorias trazidas pelo café

☐ Período em que o látex teve grande importância econômica para o Brasil.

☐ Principal produto de exportação.

☐ Ferrovias, portos, indústrias.

☐ Bondes, iluminação pública, construções luxuosas.

5 Escreva o nome de outros produtos importantes para a economia brasileira durante a República Oligárquica.

_____

6 Assinale com um **X** os itens que representam a modernização do Brasil ocasionada pelo desenvolvimento econômico.

a) ☐ avião   c) ☐ máquina de escrever   e) ☐ luz elétrica

b) ☐ bonde elétrico   d) ☐ telégrafo   f) ☐ telefone

> Mesmo com todo o desenvolvimento econômico e as modernizações, os interesses de grande parte da população brasileira continuavam sem ser atendidos, o que ocasionou muitos conflitos sociais.

7 Complete as frases usando o nome das revoltas e dos conflitos apresentados no quadro.

> Revolta da Vacina – Guerra de Canudos – Guerra do Contestado – Revolta da Chibata – greve geral

a) Ocorreu no Paraná e em Santa Catarina. Foi motivada pela expulsão da população que morava no caminho da expansão de uma estrada de ferro: _____.

b) Ocorreu no Rio de Janeiro. Foi motivada pela imposição de uma medida sanitária por parte do governo, sem que a população fosse bem informada: _____.

c) Originada em São Paulo e alastrada pelo país, foi motivada pelas difíceis condições de trabalho nas fábricas: _____.

d) Localizado na Bahia, o povoado que deu nome a esse conflito foi um refúgio de trabalhadores rurais que fugiam das más condições de vida e seguiam seu líder religioso, Antônio Conselheiro: _____.

e) Ocorreu no Rio de Janeiro. Foi organizada por marinheiros descontentes com a não aplicação da lei que reajustava seus salários e com as más condições de trabalho a que eram submetidos pela Marinha: _____.

História

NOME: _____ DATA: _____

Brasil: A Era Vargas

Por volta de 1929, o mundo foi atingido por uma crise. O Brasil sentiu os reflexos dessa crise por meio da alta nas taxas de desemprego e do aumento do descontentamento da população.

Por conta da crise econômica mundial, os produtores brasileiros não conseguiram vender seu café, que foi misturado com piche para encher as caldeiras de trens.

Atividades

1. Circule as informações corretas em cada item.

   a) O nome do presidente do Brasil na crise de 1929.
   - Washington Luís
   - Marechal Deodoro da Fonseca
   - D. Pedro II

   b) Principais fatos que motivaram o Golpe de 1930.
   - O controle da política por paulistas e mineiros.
   - A candidatura e a vitória de Júlio Prestes, outro paulista presidente da República, embora, de acordo com a alternância, fosse a vez de um presidente mineiro.
   - Havia muito emprego no Brasil.
   - O assassinato do vice-presidente de Getúlio Vargas.
   - Negações de fraude nas eleições.

   c) Estados que se destacaram na atuação desse golpe.
   - Paraíba
   - São Paulo
   - Minas Gerais
   - Rio Grande do Sul

   d) Getúlio Vargas assumiu a Presidência do Brasil por meio:
   - de eleições.
   - da monarquia.
   - de um golpe de Estado.

História 237

2 Sobre o governo provisório de Getúlio Vargas (de 1930 a 1934), escreva **V** para as informações verdadeiras e **F** para as falsas.

a) ☐ Getúlio Vargas fez um governo democrático.

b) ☐ O Poder Legislativo (Congresso Nacional, Assembleias Legislativas e Câmaras Municipais) foi fechado.

c) ☐ Vargas suspendeu a Constituição.

d) ☐ O presidente substituiu os governadores dos estados por pessoas de sua confiança, os chamados interventores.

3 Sublinhe a alternativa que explica o que foi a Revolução Constitucionalista de 1932.

a) Movimento popular de apoio às ações de Getúlio Vargas.

b) Movimento popular que exigia a convocação de uma Assembleia Constituinte para elaboração da nova Constituição.

4 Cite as principais inovações asseguradas pela Constituição de 1934.

_____
_____
_____
_____

> Vargas saiu vitorioso de uma eleição indireta. Foi eleito presidente em 1934 e governou até 1937, sob a Constituição de 1934.
> Em 1937, Vargas deu um novo golpe de Estado, implantando o Estado Novo, governo ditatorial.

5 Responda às questões a seguir.

a) É correto afirmar que no período do Estado Novo houve um governo democrático? Justifique.

_____
_____
_____

b) Quais ações tomadas nesse governo podem exemplificar sua resposta anterior?

_____
_____
_____
_____

238 **História**

NOME: _____ DATA: _____

Brasil: Democracia

Diante de muita pressão popular, Getúlio Vargas renunciou à presidência do Brasil em 1945.
No ano seguinte, Eurico Gaspar Dutra assumiu a presidência por meio de eleições diretas. Iniciou-se uma nova época política de redemocratização do país, que durou cerca de vinte anos.

Presidente Eurico Gaspar Dutra.

Atividades

1) Qual foi o documento elaborado no governo de Gaspar Dutra que devolveu ao povo brasileiro a liberdade de expressão?

_____

2) Sublinhe algumas características desse período.
   a) Os presidentes eram escolhidos pelo povo.
   b) O voto era aberto.
   c) O Brasil passou por um grande desenvolvimento industrial.
   d) A economia urbana cresceu.
   e) A população brasileira tinha liberdade de expressão.
   f) Os trabalhadores tinham autonomia para fazer greve.

Getúlio Vargas volta ao poder pelo voto direto em 1951.

3) Escreva a letra inicial do nome de cada figura e descubra o nome da empresa criada em 1953, no último governo de Vargas.

História 239

4 Marque como estava o cenário brasileiro no fim da Era Vargas.

a) ☐ Inflação alta.

b) ☐ Greves estourando.

c) ☐ População satisfeita.

d) ☐ Militares pressionando o governo.

5 Organize as sílabas e escreva o nome do presidente, eleito pelo povo em 1956, que sucedeu a Getúlio e mudou a capital do Brasil para Brasília, em 21 de abril de 1960.

LI JUS NO CE   TSCHEK KU BI

_____

6 Sobre a construção de Brasília, faça a correspondência entre as colunas.

a) Lúcio Costa ●   ● Arquiteto que planejou as principais construções de Brasília.

b) Oscar Niemeyer ●   ● Nome dado aos trabalhadores que construíram a cidade de Brasília.

c) Candangos ●   ● Urbanista que planejou a cidade e o espaço urbano de Brasília.

7 Numere em ordem cronológica os presidentes que governaram o Brasil no período da redemocratização.

☐ Eleito em 1960, renunciou meses após assumir o cargo.

☐ Conhecido como "o pai dos pobres".

☐ Dizia que o Brasil precisava progredir "50 anos em 5".

☐ Foi vice-presidente de Getúlio Vargas. Governou cerca de um ano.

☐ Foi vice-presidente de Jânio Quadros. Governou de 1961 a 1964.

☐ Primeiro presidente eleito pelo voto direto.

História

NOME: _____ DATA: _____

Brasil: a Ditadura Militar

Golpe militar de 1964: tanque do exército nas ruas de São Paulo.

Após a renúncia de Jânio Quadros, o vice-presidente, João Goulart, assumiu o governo com propostas de reforma agrária, reforma estudantil e muitas outras, que agradavam a população trabalhadora e estudantil, mas iam contra os interesses de empresários, proprietários rurais e militares.

Atividades

1 Qual setor da sociedade brasileira deu um golpe de Estado, tirando João Goulart do poder, e qual regime implantou?

_____

2 Pinte o quadro que indica o ano em que ocorreu esse golpe.

| 1964 | 1934 | 1864 |

3 Escreva **V** para as afirmações verdadeiras e **F** para as falsas relacionadas à Ditadura Militar.

a) ☐ A Ditadura Militar durou cerca de 21 anos.

b) ☐ Todos os presidentes nesse período eram da Marinha.

c) ☐ No Regime Militar havia eleições diretas.

d) ☐ O Congresso Nacional foi fechado, e os direitos políticos da população foram suspensos.

e) ☐ Foi um período de muita repressão e perseguição a quem fizesse oposição ao governo.

f) ☐ No Regime Militar não houve prisões, torturas, mortes e exílios.

g) ☐ Antes da elaboração da nova Constituição de 1967, legitimando as características autoritárias do regime, as decisões arbitrárias eram legalizadas por atos institucionais.

h) ☐ Não existiu censura nesse regime; havia um grande incentivo à arte.

História

Para que houvesse crescimento econômico, muitos empréstimos estrangeiros foram realizados, o que elevou a dívida externa e ocasionou uma grave crise econômica.

4 Em qual governo militar houve o período conhecido como "milagre econômico"?

_____

5 Sublinhe algumas realizações ocorridas no Regime Militar.
   a) Construção do Estádio do Maracanã.
   b) Refinaria de Paulínia (São Paulo).
   c) Instalação de multinacionais.
   d) Construção da Ponte Rio-Niterói.
   e) Início da construção da Rodovia Transamazônica.
   f) Construção da Hidrelétrica de Itaipu.

6 Escreva em ordem cronológica o nome dos presidentes que governaram o Brasil nesse período.

> João Baptista Figueiredo – Castelo Branco – Costa e Silva – Emílio Garrastazu Médici – Ernesto Geisel

(1964-1967)

(1967-1969)

(1969-1974)

(1974-1979)

(1979-1985)

_____

242 **História**

NOME: _____ DATA: _____

Brasil: resistência à opressão

Mesmo com toda repressão, violência e censura, o povo brasileiro não deixou de protestar contra o Regime Militar e contra a ditadura, reivindicando a democracia e a liberdade.

Manifestação pela anistia política sai da praça Ramos, ocupa toda a rua Direita e reúne cinco mil pessoas na praça da Sé, em São Paulo, SP, agosto de 1969.

Atividades

1 Marque com um **X** as maneiras pelas quais a população brasileira se mostrava contrária ao Regime Militar.

a) ☐ passeatas
b) ☐ aplausos aos generais
c) ☐ festivais de música
d) ☐ luta armada
e) ☐ greves
f) ☐ peças de teatro
g) ☐ distribuição de panfletos
h) ☐ comícios

2 "O abrandamento da censura foi um sinal das mudanças que aconteceriam gradualmente no cenário nacional." Com base nessa afirmação, circule a resposta correta em cada item.

a) Governo em que essa decisão foi tomada.
- Castelo Branco
- Geisel
- Figueiredo

b) Outra importante decisão desse governo.
- permissão da volta dos exilados políticos
- luta armada

Foi no governo de João Baptista Figueiredo que medidas decisivas foram tomadas para a extinção do Regime Militar, como a Lei da Anistia e a reforma partidária, ou seja, o fim do bipartidarismo.

História

3 Faça a correspondência entre as colunas.

a) anistia ●   ● Processo de restabelecimento da democracia no país.

b) bipartidarismo ●   ● Perdão coletivo para crimes políticos.

c) abertura política ●   ● Existência de só dois partidos políticos: um representante da oposição, e outro do poder.

4 Pinte os quadros referentes às informações corretas em cada item.

a) Significado de pluripartidarismo.

☐ Permissão para a existência de um terceiro partido político, já que, até o momento, só havia dois partidos: o do governo e o da oposição.

☐ Permissão para a existência de vários partidos políticos, já que, até o momento, só havia dois partidos: o do governo e o da oposição.

b) Último presidente do Regime Militar.

☐ Ernesto Geisel

☐ João Baptista Figueiredo

c) Período em que o Brasil viveu o Regime Militar.

☐ 21 anos

☐ 25 anos

5 Organize as palavras e descubra algo que faltava para a volta da democracia.

presidente – diretas – para – eleições

_____

6 Responda às questões a seguir.

a) Que nome foi dado ao movimento que reivindicava eleições presidenciais diretas?
_____

b) Essa reivindicação foi atendida? Justifique.
_____

c) Como foram realizadas as eleições de 1985?
_____
_____
_____

d) Quem foi eleito presidente da República?
_____

NOME: _____ DATA: _____

Brasil: nova república, nova constituição

Após um longo período de opressão e inflação alta, era urgente que o presidente da República eleito estabelecesse a democracia no país e contivesse a grave crise econômica.

O presidente eleito, Tancredo Neves, faleceu no dia 21 de abril de 1985 antes de tomar posse do cargo. Na imagem vemos seu esquife descendo a rampa do Palácio do Planalto acompanhado por autoridades nacionais e estrangeiras. Brasília, DF, abril de 1985.

Atividades

1. Em sua campanha, o candidato Tancredo Neves afirmava que estava iniciando uma Nova República. Sublinhe o significado desse termo.
   a) Retorno ao regime monárquico.
   b) Retorno ao regime colonial.
   c) Retorno ao regime democrático.

2. Com a morte do presidente eleito Tancredo Neves, quem assumiu a presidência? Quanto tempo ele governou?

   _____

   _____

3. Marque com um **X** as medidas que o governo tomou tentando resolver os problemas econômicos do país.
   a) ☐ Fez uma grande liquidação.
   b) ☐ Criou o seguro-desemprego.
   c) ☐ Mudou a moeda do país de cruzeiro para cruzado.
   d) ☐ Congelou os salários por um ano.
   e) ☐ Congelou os preços de todos os produtos por um ano.
   f) ☐ Distribuiu alimentos a todos.

História

4 Quais foram os resultados dessas medidas?

_____
_____
_____
_____
_____

Consumidora passa por prateleiras vazias em supermercado. São Paulo, SP, março de 1986.

5 O presidente Sarney, tentando combater a inflação, lançou alguns planos econômicos (Plano Cruzado, Plano Cruzado II, Plano Bresser e Plano Verão). Tais medidas conseguiram resolver os problemas econômicos do Brasil?

_____
_____

> No processo de redemocratização do país, o presidente José Sarney convocou uma Assembleia Nacional Constituinte para elaborar uma nova Constituição.

6 Pinte os quadros que contêm as informações corretas referentes a cada item.

a) Data da primeira eleição direta para presidente após o Golpe Militar de 1964.

| 15 de outubro de 1989 | 15 de novembro de 1989 | 5 de dezembro de 1989 |

b) Outras importantes inovações da Constituição de 1988.

- Só uma eleição direta, as seguintes seriam indiretas.

- Voto obrigatório para os brasileiros entre 18 e 70 anos e facultativo para analfabetos, maiores de 70 anos e jovens entre 16 e 17 anos.

- Proteção às nações indígenas, garantindo-lhes o direito à posse da terra que tradicionalmente ocupavam.

- Continuou a censura a jornais, revistas, cinema, teatro, televisão e rádio.

- As eleições para presidente, governadores e prefeitos seriam diretas e em dois turnos.

- O racismo passou a ser considerado crime inafiançável, com pena de prisão.

246 **História**

NOME: _____ DATA: _____

Brasil: eleições diretas

Confirmando o processo de democracia e liberdade, a população foi às urnas em 1989 para eleger o presidente da República.

Fernando Collor.

Itamar Franco.

Fernando Henrique Cardoso.

Luiz Inácio Lula da Silva.

Atividades

1 Circule as informações corretas em cada item.

a) Primeiro presidente eleito pelo povo depois do Regime Militar.
- Fernando Collor de Melo
- Luiz Inácio Lula da Silva
- Leonel Brizola

b) Medida econômica menos popular adotada pelo novo presidente.
- Confisco das aplicações financeiras
- Aumento de salário

c) Nome do movimento estudantil que resultou na renúncia do presidente.
- Caras pintadas
- Caras pálidas
- Caras alegres

d) Foi empossado presidente da República em 1992.
- José Sarney
- Leonel Brizola
- Itamar Franco

e) Principal medida econômica de seu governo.
- Congelamento de preços
- Plano Real
- Distribuição de dinheiro

f) Consequência desse governo.
- Controle da inflação
- Aumento da inflação

Ao final do governo de Itamar Franco, o cenário econômico brasileiro era de uma economia estabilizada. Em 1994 houve nova eleição direta, consolidando a democracia no país.

História 247

2 Escreva **V** para as informações verdadeiras e **F** para as falsas.

a) ☐ Nas eleições de 1994 foi eleito o presidente Fernando Henrique Cardoso (FHC), ex-ministro da Economia de Itamar Franco.

b) ☐ FHC renunciou ao cargo e não concluiu seu mandato.

c) ☐ O governo de FHC foi marcado pelas privatizações: a venda de empresas estatais para a iniciativa privada.

d) ☐ Emenda constitucional é a alteração de algum artigo da Constituição por meio de modificação ou acréscimo.

e) ☐ O governo de FHC também privatizou rodovias federais.

f) ☐ Por meio de uma emenda constitucional, FHC conseguiu se reeleger em 1999.

> No final do segundo mandato, a moeda brasileira estava desvalorizada e havia grande crise econômica no país. O candidato de FHC na eleição de 2002 foi derrotado por Luiz Inácio Lula da Silva.

3 Sublinhe os acontecimentos marcantes do governo do presidente Luiz Inácio Lula da Silva (2003-2010).

a) Passagem de faixa de um presidente eleito pelas urnas a outro, também eleito.

b) Programa Fome Zero.

c) Primeiro mandato com crise econômica.

d) Aumento das relações com outros países.

e) Denúncias de corrupção envolvendo seu partido político.

f) Derrota na reeleição.

g) Diminuição da taxa de desemprego.

h) Controle da inflação.

4 Escreva o nome da presidenta que sucedeu a Luiz Inácio Lula da Silva.

_____

5 Escreva o nome do atual presidente e escreva como foi seu processo de eleição.

_____
_____
_____
_____

História

NOME: _____ DATA: _____

Brasil: os seus desafios

O Brasil continua se desenvolvendo. Entretanto, muitos problemas vão surgindo. Os grandes centros urbanos, por exemplo, atraem cada dia mais pessoas, aumentando assim a desigualdade social, um dos maiores desafios do país.

Pedinte na Avenida Paulista, região central de São Paulo, São Paulo.

Fila para marcar consulta em uma Unidade Básica de Saúde na zona norte de São Paulo, São Paulo.

Atividades

1. Marque um **X** nas informações corretas.
   a) ☐ As riquezas brasileiras estão distribuídas igualmente.
   b) ☐ O trabalho infantil precisa ser erradicado.
   c) ☐ A maioria da população brasileira vive em espaços urbanos.
   d) ☐ Mesmo nos momentos de certo controle da inflação, o Brasil continuou tendo muitos problemas a serem resolvidos, como acesso à educação, fim da violência etc.
   e) ☐ O desemprego é um desafio a ser enfrentado pelo país.
   f) ☐ Os hospitais e postos de saúde conseguem atender adequadamente toda a população.
   g) ☐ A população precisa ter acesso a melhores condições de moradia.

História

Vamos ler

Antonio Cedraz. *Xaxado*. Disponível em: <www.xaxado.com.br/quadrinhos/tiras.html>. Acesso em: mar. 2014.

2 Qual é o problema social apresentado pelos personagens da tirinha que precisa ser erradicado do país?

_____

_____

3 O Movimento dos Trabalhadores Rurais Sem Terra promove a ocupação temporária de propriedades improdutivas. Encontre no diagrama a solução para o problema dos trabalhadores rurais.

I	M	H	*	C	A	P	I	M	O	A	X	R	L	I
R	E	F	O	R	M	A	*	A	G	R	Á	R	I	A
C	F	E	N	X	A	D	A	*	P	Á	W	A	S	J
I	M	O	*	A	S	J	C	F	E	I	*	H	K	C

4 Apesar de todos esses problemas, houve certo controle da inflação e estabilização econômica, ou seja, houve também aspectos positivos. Circule alguns avanços ocorridos no Brasil democrático.

a) Acesso a bens de consumo.

b) Garantia de matrícula para indígenas na escola.

c) Diminuição do analfabetismo.

d) Igualdade social.

e) Igualdade salarial.

f) Distribuição de terras.

g) Aumento do número de pessoas com acesso à iluminação elétrica.

h) Aumento do número de pessoas com acesso à coleta de lixo.

i) Aumento do número de pessoas com acesso à rede de esgotos.

NOME: _____ DATA: _____

Brasil: cidadania

Cidadania é o exercício dos direitos e o cumprimento dos deveres de uma pessoa na sociedade em que vive.
O Estado tem obrigações com os cidadãos, assim como os cidadãos têm deveres com o Estado.

Direito ao acesso à educação.

Direito (e dever) de escolher seus governantes.

Atividades

1 Risque as consoantes **B**, **F**, **G**, **H** e **J** e descubra o nome do atual documento que orienta os direitos e deveres dos brasileiros, garantindo-lhes o exercício da cidadania.

B A G J C B O N H S T G I T B U H J I B Ç Ã F F O B D G E   1988

_____

2 Classifique as afirmações a seguir em **direito** ou **dever** do cidadão.

a) (_____) Preservar o patrimônio público.
b) (_____) Ensino de boa qualidade.
c) (_____) Moradia digna e segura.
d) (_____) Cuidar do meio ambiente.
e) (_____) Votar para escolher seus governantes.
f) (_____) Espaços para se divertir.
g) (_____) Não jogar lixo no chão.
h) (_____) Economizar água.
i) (_____) Bom atendimento em hospitais e postos de saúde.

História   251

3 Encontre no diagrama os tipos de direitos dos cidadãos em nossa sociedade e complete as frases.

V	X	P	O	L	Í	T	I	C	O	S
B	E	I	M	Q	U	Z	A	F	L	O
S	O	C	I	A	I	S	P	H	R	X
T	V	Y	A	D	E	K	S	W	Z	A
C	F	I	N	C	I	V	I	S	T	O
A	F	L	O	A	F	L	O	T	V	Y

a) Os direitos _____ garantem a todos a participação ativa nas decisões políticas e na organização da sociedade, assim como o direito de cada pessoa de votar e de se candidatar a um cargo político.

b) As garantias de participação na vida coletiva, como o direito à moradia, à saúde, à educação etc., são direitos _____.

c) Os direitos _____ são fundamentais para todos os seres humanos, como o direito à vida, à liberdade, à segurança, à prosperidade etc.

> Além da Constituição há outros documentos estabelecidos com o objetivo de organizar melhor a vida dos cidadãos e da sociedade como um todo. São legislações especiais para atender a situações específicas.

4 Numere a segunda coluna de acordo com a primeira.

1 Código de Trânsito

2 Código de Defesa do Consumidor

3 Estatuto da Criança e do Adolescente (ECA)

4 Estatuto do Idoso

5 Leis ambientais

( ) Estabelece normas de proteção e defesa do consumidor.

( ) Amplia os direitos de todos os cidadãos que têm mais de 60 anos, assegurando-lhes o direito à vida, à saúde, à alimentação, à cultura, ao trabalho, à convivência familiar e comunitária etc.

( ) Regulamenta o trânsito com o objetivo de reduzir o risco de acidentes com veículos e pedestres.

( ) Define leis, normas e regras para proteção do meio ambiente.

( ) Estabelece os direitos das crianças e dos adolescentes a fim de que se desenvolvam em condições dignas.

História

NOME: _____ DATA: _____

O planeta Terra: representações

Vamos ler

Será que todo o gelo da Antártica pode derreter?

A Antártica é um continente quase totalmente coberto de gelo. Por que é tão gelado? Por causa da posição que ocupa no globo terrestre (polo sul), lá chega menos calor do Sol do que em outras partes do planeta. Você já pensou no que aconteceria se todo esse gelo derretesse? Isso traria sérias consequências para o resto do mundo. Para ter uma ideia, o nível médio do mar aumentaria muito, cerca de sessenta metros! [...]

Revista *Ciência Hoje das Crianças*. São Paulo: Instituto Ciência Hoje, n. 28, ano 268, p. 3, 2015.

Atividades

1. Escreva o nome dos tipos de representação do planeta Terra. Depois, marque um **X** naquela que reproduz de maneira aproximada a forma da superfície da Terra. Justifique sua resposta.

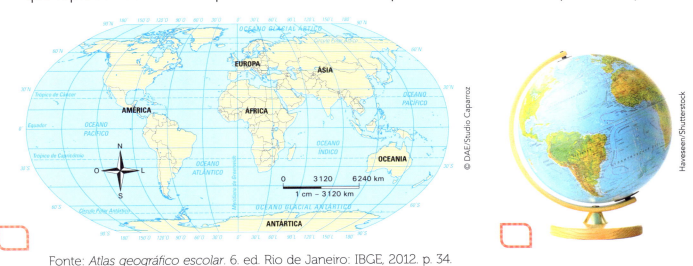

Fonte: *Atlas geográfico escolar*. 6. ed. Rio de Janeiro: IBGE, 2012. p. 34.

a) _____ b) _____

_____

_____

_____

Geografia

2 No planisfério a seguir, pinte os oceanos de **azul**. Depois, indique a localização correta de cada um deles de acordo com a legenda.

- ● Oceano Pacífico
- ▲ Oceano Índico
- ◆ Oceano Glacial Antártico
- + Oceano Atlântico
- ■ Oceano Glacial Ártico

Mapa-múndi: continentes

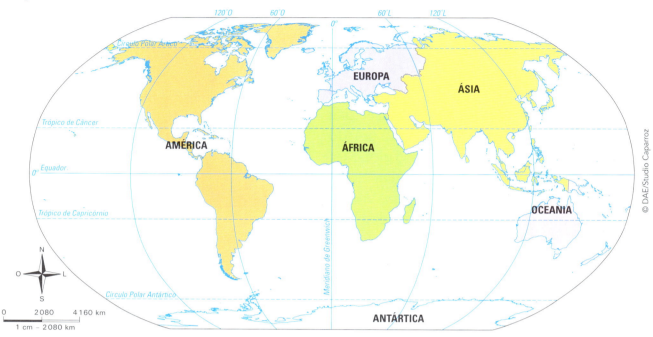

Fonte: *Atlas geográfico escolar*. 6. ed. Rio de Janeiro: IBGE, 2012. p. 34.

3 Com base na atividade anterior, qual é sua conclusão em relação à quantidade de água salgada no planeta em comparação com a extensão de terras acima do nível do mar (terras emersas) que formam os continentes?

_____

_____

4 Agora, observe o gráfico a seguir. Ele representa a quantidade de água nos oceanos e a quantidade de terras emersas em nosso planeta. Pinte o gráfico e a legenda com base na proporção em que esses dois elementos são encontrados. Depois, faça uma estimativa em porcentagem sobre as quantidades apresentadas.

☐ _____ Terras acima do nível do mar (terras emersas)

☐ _____ Água nos oceanos

5 Escreva o nome dos seis continentes do planeta Terra.

_____

6 A que conclusão você chegou com o estudo dos oceanos?

_____

_____

254 Geografia

NOME: _____ DATA: _____

O planeta Terra: linhas imaginárias

Vamos ler

Mauricio de Sousa. *Saiba mais! Sobre o Polo Norte e Polo Sul com a Turma da Mônica.* São Paulo: Panini, n. 77, p. 6, 2014.

Atividades

1 Circule a informação correta em cada item.

a) Principal paralelo que divide a Terra em Hemisfério Norte e Hemisfério Sul.
- Equador
- Círculo Polar Ártico
- Trópico de Câncer

b) Principal meridiano que divide a Terra em Hemisfério Oeste (Ocidental) e Hemisfério Leste (Oriental).
- Tordesilhas
- Greenwich
- Cádis

2 Complete as frases adequadamente utilizando as palavras do quadro.

> Latitude – Meridianos – Paralelos – Longitude

a) _____ são linhas imaginárias que cortam o globo terrestre horizontalmente e estão paralelas à Linha do Equador. Eles indicam a latitude de um lugar.

b) _____ são linhas imaginárias traçadas verticalmente cruzando os polos. Eles indicam a longitude de um lugar.

c) _____ é a distância medida em graus entre um lugar qualquer da superfície da Terra e a Linha do Equador, definida como paralelo central.

d) _____ é a distância medida em graus entre um lugar qualquer da superfície da Terra e o Meridiano de Greenwich, definido como meridiano central.

> Os paralelos mais conhecidos são: Trópico de Câncer e Círculo Polar Ártico – ambos no Hemisfério Norte – e Trópico de Capricórnio e Círculo Polar Antártico – ambos no Hemisfério Sul.

Geografia 255

3 Na representação do planeta Terra a seguir, trace os principais paralelos estudados e escreva o nome deles.

4 Volte à atividade anterior e escreva também o nome dos hemisférios originados pela divisão da Terra pela Linha do Equador.

5 Agora, trace o meridiano central, escreva o nome dele e identifique também os hemisférios a que ele dá origem.

Localização: mapas, legendas e escalas

Mapas são representações gráficas da Terra ou de partes dela. O **planisfério** e o **mapa-múndi** são representações planas do globo terrestre. Os mapas são muito importantes, pois possibilitam a localização geográfica e o estudo detalhado do planeta.

Bill Watterson. *Calvin e Haroldo: Yukon ho!* São Paulo: Conrad, 2008. p. 56.

Atividades

1 Na tirinha acima, os personagens pretendem viajar da cidade em que moram nos Estados Unidos para a cidade de Yukon, no Canadá. Como não têm mapa rodoviário, eles estão utilizando o globo terrestre para se localizar. A solução encontrada é apropriada? Por quê?

_____
_____
_____

2 Você já usou um mapa? De que tipo? Em que situação você o utilizou?

_____

Nos mapas temos informações representadas por símbolos, que podem ser ícones, cores, linhas etc. Para explicar o significado desses símbolos foi criado um elemento cartográfico chamado **legenda**.

Fonte: IBGE. *Censo 2010*. Disponível em: <www.censo2010.ibge.gov.br/sinopse/index.php?uf=26&dados=0>. Acesso em: ago. 2015.

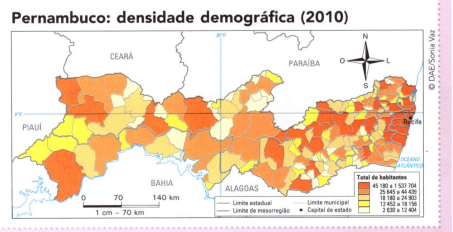

Pernambuco: densidade demográfica (2010)

Geografia 257

3. De acordo com a legenda do mapa a seguir, escreva ao lado dele o nome da capital do Brasil e das capitais dos estados da Região Centro-Oeste.

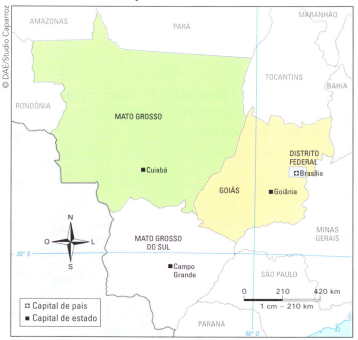

Fonte: *Atlas geográfico escolar*. 6. ed. Rio de Janeiro: IBGE, 2012. p. 94.

Outros elementos que compõem o mapa

Todo mapa apresenta um **título**, que informa o que está representado nele.
A **escala** indica a proporção entre a dimensão territorial real e a que está representada no mapa. Pode ser indicada de duas formas: gráfica ou numérica.
A **rosa dos ventos** representa os pontos cardeais e colaterais. Nos mapas é usada para orientar a localização.

Fonte: SOS Mata Atlântica. Disponível em: <http://mapas.sosma.org.br>. Acesso em: ago. 2015.

4. Em uma folha de papel vegetal, desenhe o mapa do Brasil, localize nele o estado onde você mora e pinte-o de **vermelho**. Depois, pinte de **verde** os estados que fazem limite com ele e, de **azul**, o Oceano Atlântico. Por último, faça a legenda com essas informações e dê um título a seu mapa.

Geografia

NOME: _____ DATA: _____

Lendo mapas: o Brasil no planisfério

O planeta Terra tem seis continentes. O Brasil faz parte do continente americano. É o 5º país de maior extensão territorial do mundo, com uma área de, aproximadamente, 8 515 767 quilômetros quadrados, segundo dados do IBGE.

Atividades

1 Siga as referências abaixo e localize o Brasil no planisfério, circulando-o de **verde**.
- Localiza-se a oeste do Meridiano de Greenwich.
- É cortado ao norte pela Linha do Equador.
- É cortado ao sul pela linha imaginária do Trópico de Capricórnio.

Mapa-múndi

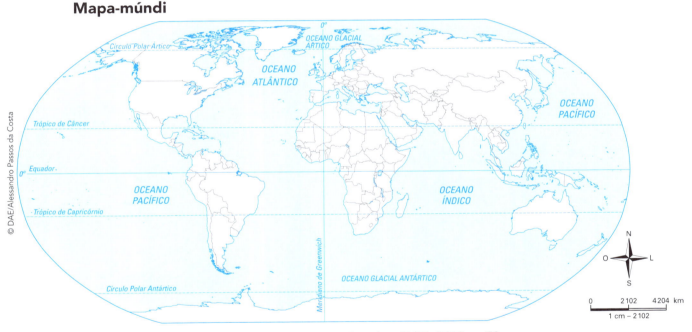

Fonte: *Atlas geográfico escolar*. 6. ed. Rio de Janeiro: IBGE, 2012. p. 32.

2 Observe novamente o mapa acima e responda às questões a seguir.

a) O Brasil está localizado no Hemisfério Oeste. Que outro nome esse hemisfério recebe?

_____

b) Qual é o oceano que banha o território brasileiro?

_____

c) Em relação à Linha do Equador, em que hemisfério o Brasil está localizado?

_____

Geografia

O território do Brasil no continente sul-americano

O Brasil está localizado na parte sul do continente americano. Por causa de sua localização no planeta e de sua grande extensão territorial, apresenta uma grande variedade de climas, paisagens e recursos naturais.

3 Leia as instruções e faça o que se pede.

a) Dê um título ao mapa.

b) Pinte o Brasil de **verde**.

c) Pinte os países que fazem fronteira com o Brasil de **marrom**.

d) Pinte os países que não fazem fronteira com o Brasil de **laranja**.

e) Pinte o Oceano Atlântico de **azul**.

f) Complete a legenda com o significado das cores utilizadas no mapa.

Título: _____

Legenda:

☐ _____
☐ _____
☐ _____
☐ _____

Fonte: *Atlas geográfico escolar*: 6. ed. Rio de Janeiro: IBGE, 2012. p. 41.

4 Com base na observação do mapa acima, escreva o que se pede.

a) Nome do país que fica ao sul do Brasil.

_____

b) Nome dos países que ficam ao norte do Brasil.

_____
_____

c) Nome da parte do continente americano em que o Brasil está localizado.

_____

Geografia

NOME: _____ DATA: _____

As zonas térmicas da Terra

A forma esférica da Terra e a inclinação de seu eixo fazem com que a incidência de raios solares não aconteça de forma igual e com a mesma intensidade em toda a superfície terrestre. Em função dessa diferença de incidência de luz e calor, o planeta foi dividido em **zonas térmicas**.

Fonte: *Atlas geográfico escolar: Ensino Fundamental do 6º ao 9º ano*. Rio de Janeiro: IBGE, 2010. p. 104-105.

Atividades

1 Faça a correspondência entre as zonas térmicas e as características que elas apresentam.

a) zona tropical

b) zona temperada norte

c) zona temperada sul

d) zona polar ártica

e) zona polar antártica

☐ Localiza-se entre o Trópico de Câncer e o Círculo Polar Ártico. Nessa zona as temperaturas são mais amenas do que na zona tropical e as estações do ano são bem definidas.

☐ Localiza-se em torno do Polo Sul. As zonas polares são as mais frias do planeta, pois são atingidas por raios solares muito inclinados e fracos.

☐ Localiza-se entre o Trópico de Capricórnio e o Círculo Polar Antártico. Nessa zona as temperaturas são mais amenas do que na zona tropical e as estações do ano são bem definidas.

☐ Localiza-se entre os Trópicos de Câncer e de Capricórnio. É a zona mais quente do planeta.

☐ Localiza-se em torno do Polo Norte. As zonas polares são as mais frias do planeta, pois são atingidas por raios solares muito inclinados e fracos.

As zonas térmicas do Brasil

Grande parte do território brasileiro está localizado na zona tropical, apresentando temperaturas elevadas por quase todo o ano. Já a parte sul do Brasil encontra-se na zona temperada sul, apresentando temperaturas mais amenas do que o restante do país.

2 Pinte de **vermelho** a porção do território brasileiro entre o Trópico de Câncer e o Trópico de Capricórnio. Depois, pinte de amarelo a porção que está fora dessa área.

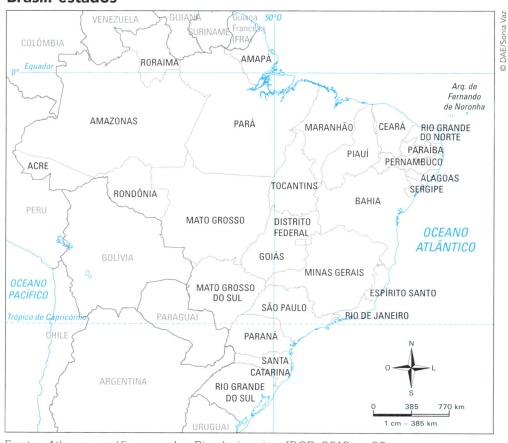

Fonte: *Atlas geográfico escolar*. Rio de Janeiro: IBGE, 2012. p. 90.

3 Responda às questões a seguir.

a) Em que zona térmica está localizada a maior parte do território brasileiro?

b) Quais estados brasileiros estão na zona temperada sul?

c) Quais são as variações das condições climáticas entre os estados que estão na zona temperada e os que estão na zona tropical?

d) Qual condição climática predomina no território brasileiro?

NOME: _____ DATA: _____

Brasil: divisão política

O Brasil é um país de grande extensão territorial, com dimensões continentais. É dividido em 26 estados mais o Distrito Federal, onde se localiza Brasília, a capital do Brasil.

Atividades

1 Pinte de **verde** o estado em que se localiza a capital do Brasil.

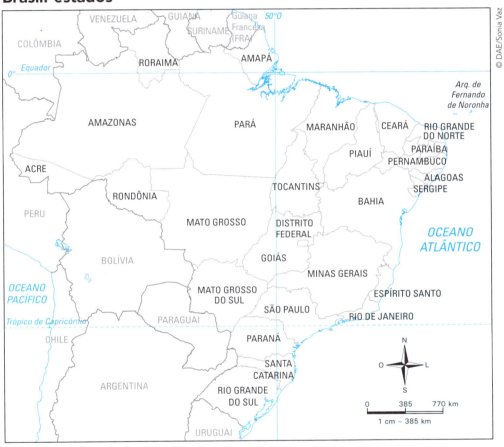

Fonte: *Atlas geográfico escolar*. Rio de Janeiro: IBGE, 2012. p. 90.

2 Volte ao mapa da atividade 1 e pinte de **laranja** o estado onde você vive. Depois, escreva:

a) nome do estado: _____

b) nome da capital: _____

c) nome dos estados com que faz fronteira: _____

3 O estado onde você vive faz fronteira com algum oceano? Qual?

_____

Geografia   263

4 Escreva o nome dos estados brasileiros que são banhados pelo Oceano Atlântico.

_____
_____
_____

5 Localize no mapa do Brasil e escreva a seguir o nome dos estados que ficam nos pontos mais extremos do país.

a) Ao norte: _____

b) Ao sul: _____

c) A leste: _____

d) A oeste: _____

6 Faça uma pesquisa e escreva o nome dos estados brasileiros em que estão localizados os lugares indicados a seguir.

a) Monte Caburaí: _____

b) Arroio Chuí: _____

c) Ponta do Seixas: _____

d) Serra da Contamana: _____

7 Os estados brasileiros são chamados de unidades federadas. Apesar de terem certa autonomia e constituições estaduais próprias, a que lei maior da nação todos eles estão subordinados?

_____

8 Escreva o nome das capitais dos estados brasileiros indicados a seguir.

a) Acre _____

b) Alagoas _____

c) Amapá _____

d) Amazonas _____

e) Bahia _____

f) Ceará _____

g) Espírito Santo _____

h) Goiás _____

i) Maranhão _____

j) Mato Grosso _____

k) Minas Gerais _____

l) Pará _____

m) Paraíba _____

n) Paraná _____

o) Pernambuco _____

p) Piauí _____

q) Rio de Janeiro _____

r) Rondônia _____

s) Roraima _____

t) Santa Catarina _____

Geografia

NOME: _____ DATA: _____

Brasil: divisão regional

O IBGE, seguindo uma orientação política de governabilidade e com base em estudos de geógrafos sobre as características do território brasileiro, elaborou uma proposta de divisão regional do país.

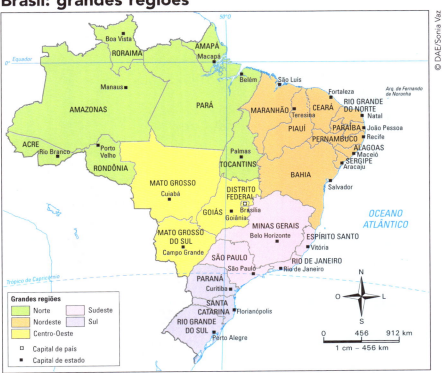

Fonte: IBGE. Disponível em: <http://7a12.ibge.gov.br/images/7a12/mapas/Brasil/brasil_grandes_regioes.pdf>. Acesso em: ago. 2015.

Atividades

1 De acordo com as características apresentadas a seguir, escreva o nome da região administrativa e o nome dos estados que a compõem.

a) Região: _____

- Mais industrializada do país.
- Maior número de habitantes.
- Grande produtividade no espaço rural.
- Destaque na agricultura e pecuária.
- Principais produtos agrícolas: café, soja, laranja.
- Destaque na criação de gado e aves.

Estados: _____
_____

Indústria automoblística em Betim, Minas Gerais.

Geografia 265

b) Região: _____
- Maior extensão territorial.
- Clima equatorial quente e úmido.
- Maior floresta do planeta.
- Grande diversidade de fauna e flora.
- Destaque na atividade extrativa mineral e vegetal.

Estados: _____

Floresta Amazônica, Amazonas.

c) Região: _____
- Localizada ao sul do Trópico de Capricórnio.
- Temperaturas mais baixas do país.
- Vegetação predominante: campo e mata de araucárias.
- Destaque nas atividades agrícolas e pecuárias.
- Grande produção de uva e trigo.
- Maior criação de ovinos do país.
- Destaque para a indústria de alimentos.

Estados: _____

Araucárias no Parque Nacional de Aparados da Serra em Cambará do Sul, Rio Grande do Sul.

d) Região: _____
- Não é banhada pelo mar.
- Clima tropical típico.
- Principais produtos agrícolas: soja e arroz.
- Destaque na pecuária bovina.
- Vegetação predominante: cerrado.

Estados: _____

Rebanho de gado da raça nelore no Mato Grosso.

e) Região: _____
- Maior número de estados.
- Clima tropical úmido e semiárido.
- Vegetação predominante: caatinga.
- Agricultura de subsistência e irrigada.
- Grande número de habitantes.
- Extensa área litorânea.

Estados: _____

Praia de Boa Viagem em Recife, Pernambuco.

Geografia

NOME: _____ DATA: _____

Brasil: relevo

A superfície do território brasileiro é bem variada e apresenta diversas formas, como vales, depressões, morros, planaltos e planícies. A esse conjunto de diferentes formas da superfície damos o nome de **relevo**. Diversos são os agentes responsáveis pelas constantes transformações do relevo terrestre.

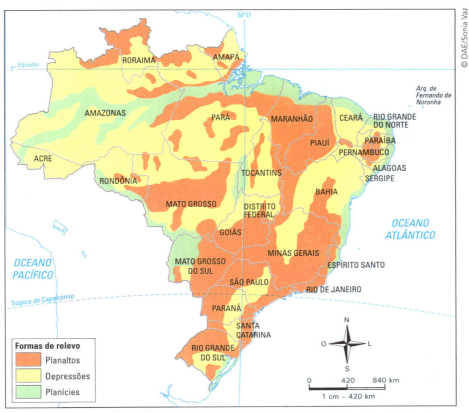

Fonte: Jurandyr Luciano Sanches Ross (Org.). *Geografia do Brasil*. 6. ed. São Paulo: Edusp, 2011.

Atividades

1) Sublinhe alguns dos agentes responsáveis pelas transformações na superfície terrestre.

a) gelo e degelo
b) vento
c) lápis
d) borboleta
e) chuva
f) ação humana
g) atividade vulcânica
h) variação de temperatura

2) Cite algumas ações humanas que podem alterar a superfície do planeta.

_____
_____

Geografia 267

3 No Brasil há três formas de relevo que se destacam. Organize as sílabas e escreva o nome delas.

a) ní – cie – pla

b) são – pres – de

c) nal – pla – to

4 Agora, observe as imagens a seguir e escreva a que tipo de relevo da atividade anterior elas se referem.

a) Forma de relevo com área situada abaixo do nível do mar ou abaixo do nível das áreas que lhe são próximas.

b) Forma de relevo relativamente plana, pouco elevada.

c) Forma de relevo com superfícies elevadas e irregulares.

5 Observe novamente o mapa do relevo brasileiro e responda às questões a seguir.

a) Qual é a forma de relevo predominante no território brasileiro?

b) Qual é a forma de relevo de menor predominância?

c) No estado onde você mora, qual é a forma de relevo predominante?

Geografia

NOME: _____ DATA: _____

Relevo: rios e litoral

O Brasil é um país que tem muitos rios. Eles se diferenciam em alguns aspectos, como extensão, volume de água, largura das margens, profundidade dos leitos e uso das águas. Esses aspectos variam de acordo com as condições geográficas dos locais.

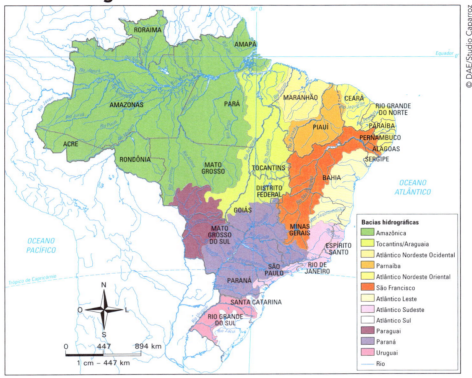

Fonte: *Atlas geográfico escolar*. 6. ed. Rio de Janeiro: IBGE, 2012. p. 105.

Atividades

1 Escreva **V** nas afirmações verdadeiras e **F** nas falsas.

a) ☐ Os rios que correm em planaltos são propícios à navegação e ao lazer.

b) ☐ As águas dos rios que correm pelas formas de relevo planálticas podem ser aproveitadas para a geração de energia elétrica.

c) ☐ Bacia hidrográfica é a área de terras banhadas por um rio e seus afluentes.

d) ☐ O tamanho das bacias hidrográficas varia de acordo com a extensão dos rios e o volume de suas águas.

e) ☐ Rios perenes são rios que não secam, mas apresentam variações de volumes durante o ano.

Geografia

f) ☐ Rios temporários são rios que nunca secam.

g) ☐ O Brasil tem cinco bacias hidrográficas.

h) ☐ Eclusa é um sistema de engenharia hidráulica que torna possível o transporte de barcos por canais de diferentes altitudes.

2 Relacione o nome da bacia hidrográfica às suas características.

a) Bacia Amazônica ☐ O Rio São Francisco, que nasce na Região Sudeste e deságua no Oceano Atlântico, é seu principal componente.

b) Bacia do São Francisco ☐ Maior bacia hidrográfica do mundo.

c) Bacia Platina ☐ Formada pelos rios Tocantins e Araguaia, tem grande potencial para a produção de energia elétrica.

d) Bacia do Tocantins-Araguaia ☐ Localiza-se na porção centro-sul do Brasil. Banha terras também do Paraguai e da Argentina.

> O litoral do Brasil é muito extenso e apresenta grande variedade de formas e paisagens, sendo constantemente modificado de forma natural ou pela ação humana.

3 Circule a opção correta em cada item.

a) Porção de terra com forma de ponta que avança ao mar.
- cabo
- ilha
- praia

b) Reentrância estreita da costa por onde o mar entra e que se alarga no interior.
- ilha
- baía
- cabo

c) Faixa do litoral que tem contato com o mar e é composta de areia.
- praia
- baía
- cabo

d) Porção de terra cercada de água por todos os lados.
- cabo
- baía
- ilha

> Muitos rios brasileiros estão poluídos, causando enormes prejuízos para o meio ambiente. Em muitos lugares, o esgoto é lançado nos rios sem nenhum tipo de tratamento. Além disso, as indústrias e a população também são responsáveis pelo descarte de produtos químicos e lixo nas águas dos rios.

4 Faça a correspondência entre as colunas.

a) assoreamento ● ● Vegetação que fica bem próxima à margem de rios, lagos e córregos, protegendo-os da erosão.

b) mata ciliar ● ● Acúmulo de terra, areia, lixo etc. no fundo de rios, tornando seu leito mais raso.

c) sanemaneto básico ● ● Conjunto de medidas relacionadas ao abastecimento de água potável, coleta e tratamento de esgoto etc.

Geografia

NOME: _____ DATA: _____

Brasil: temperatura e clima

No Brasil, devido à grande extensão de seu território e de sua localização no planeta, as cidades não apresentam a mesma temperatura do ar atmosférico. Além disso, outros fatores contribuem para essa variação climática, como: a diversidade de formas de relevo, a altitude e a dinâmica das correntes de massa de ar.

Brasil: climas

Tipos de clima:
- Equatorial subúmido
- Equatorial úmido
- Litorâneo úmido
- Tropical de altitude
- Tropical
- Tropical semiárido
- Subtropical úmido

Fonte: Marcello Martinelli. *Atlas geográfico: natureza e espaço da sociedade*. São Paulo: Editora do Brasil, 2003.

Atividades

1 Marque um **X** nas afirmações corretas.

a) ☐ As cidades brasileiras apresentam variações na temperatura do ar.

b) ☐ Altitude é a distância vertical de um ponto da superfície da Terra até o nível do mar.

c) ☐ As regiões próximas à Linha do Equador têm temperaturas elevadas.

d) ☐ As cidades litorâneas, que ficam próximas ao mar, apresentam temperaturas mais baixas do que as cidades localizadas nas serras.

e) ☐ A altitude é um dos fatores que interferem na temperatura de uma cidade.

Geografia

2 Circule a informação correta em cada item.

a) Estado momentâneo da atmosfera em determinado local.
- tempo
- relevo
- trópico

b) Conjunto de variações marcantes do tempo e das condições atmosféricas observadas em determinada região ao longo de anos de estudos.
- zona
- altitude
- clima

3 De acordo com as características apresentadas, escreva a qual tipo de clima elas se referem. Use as palavras do quadro.

> tropical – equatorial – tropical úmido – subtropical – semiárido

a) Ocorre em áreas ao norte do Brasil. É quente e úmido, com temperatura média de 25 °C e chuvas abundantes.

b) Ocorre em áreas do sertão nordestino. Caracteriza-se por chuvas escassas e irregularmente distribuídas e temperatura média de 25 °C.

c) Ocorre na Região Centro-Oeste. Com temperatura média de 25 °C, apresenta duas estações bem definidas: verão chuvoso e quente e inverno seco e frio.

d) Ocorre no Sul do Brasil. As chuvas são regulares e os invernos rigorosos. Apresenta temperatura média de 18 °C.

e) Ocorre na faixa litorânea do Brasil. Caracteriza-se por chuvas regulares, sofrendo grande influência da umidade do Oceano Atlântico. Apresenta temperatura média de 25 °C.

4 Qual é a média de temperatura predominante ao longo do ano no município onde você mora?

5 De acordo com a informação anterior, você pode afirmar que o seu município fica próximo ou distante da Linha do Equador?

6 Descreva as características de cada estação do ano em seu município.

Geografia

NOME: _____ DATA: _____

Brasil: clima e vegetação

Fatores como chuva, temperatura, vento, relevo e solo interferem no tipo de vegetação de um local. Como o Brasil tem um extenso território com condições climáticas diferentes, apresenta também uma vegetação de características diversificadas.

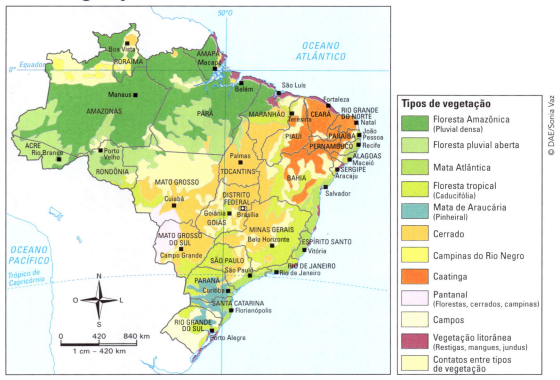

Fonte: Marcello Martinelli. *Atlas geográfico: natureza e espaço da sociedade*. São Paulo: Editora do Brasil, 2003.

Atividades

1. Organize as palavras e descubra a frase.

3	5	8	1	7	2
interfere	no	vegetação	O	de	clima

10	11	4	6	9
um	local.	diretamente	tipo	de

_____

_____

Geografia 273

2 De acordo com as características a seguir, numere as imagens e escreva o nome da vegetação.

1 Grande variedade de espécies vegetais. Floresta de mata fechada e sempre verde, com árvores que chegam a 60 metros de altura.

2 Segunda maior formação vegetal brasileira. Constituída de arbustos, árvores com troncos retorcidos e casca grossa. No período de chuvas é verde e florida; durante a seca, as plantas perdem as folhas.

3 Formada por plantas com espinhos e poucas folhas, para evitar a perda de água. Apresenta também árvores, arbustos e vegetação herbácea.

4 Com árvores de grande porte, tem como principal espécie a araucária, que chega a 50 metros de altura. Outras espécies desta vegetação são: erva-mate, imbuia, cedro, peroba e xaxim.

5 Grande variedade de fauna e flora. Floresta densa e fechada que originalmente ocupava grande parte do litoral brasileiro.

3 Qual tipo de vegetação predomina no estado onde você mora?

274 Geografia

NOME: _____ DATA: _____

Brasil: economia

As atividades econômicas no Brasil podem ser classificadas em três tipos: primárias, secundárias e terciárias.

Pecuária.

Indústria alimentícia.

Prestação de serviços.

Atividades

1 Relacione o tipo de atividade econômica às suas características.

a) atividade primária

b) atividade secundária

c) atividade terciária

☐ Atividade relacionada aos mais diversos tipos de serviços prestados aos consumidores e às empresas.

☐ Atividade ligada à agricultura, à pecuária e ao extrativismo.

☐ Atividade ligada à indústria.

2 Em cada item, pinte o quadrinho que apresenta a informação correta.

a) Prática de agricultura que inclui a criação de gado, o cuidado com o solo e a produção de todos os tipos de cultura.

☐ extrativismo   ☐ agropecuária   ☐ matéria-prima

b) Tipo de pecuária em que os animais são criados soltos em pastagens naturais.

☐ extensiva   ☐ intensiva   ☐ livre

c) Tipo de pecuária em que o gado é criado confinado em pequenas áreas.

☐ extensiva   ☐ intensiva   ☐ fechada

Geografia

> Na agricultura também se verifica o desenvolvimento e o aprimoramento de diferentes sistemas de cultivos.

3 Complete as frases corretamente usando as palavras do quadro.

> Comercial – De subsistência

a) _____ é o tipo de agricultura feita com poucos recursos tecnológicos e sem a intenção de obter lucros.

b) _____ é o tipo de agricultura voltada à venda da produção tanto para grandes centros urbanos quanto para outros países.

4 Com base em seus estudos, escreva o que você entende por:
a) indústrias de bens de produção ou indústrias de base;

_____
_____
_____

b) indústrias de bens de consumo duráveis;

_____
_____
_____

c) indústrias de bens de consumo não duráveis.

_____
_____
_____

> Outra atividade relacionada à economia no Brasil é o comércio, caracterizado pela compra e venda de mercadorias.

5 Com base em seus estudos, relacione os tipos de comércio com suas características.

a) interno • • Operação na qual um país vende uma mercadoria para outro país.

b) externo • • Operação na qual um país compra uma mercadoria de outro país.

c) importação • • Comércio feito entre municípios e estados.

d) exportação • • Comércio realizado entre países.

Geografia

NOME: _____ DATA: _____

Brasil: população

O Brasil é um dos cinco países mais populosos do mundo. Sua população é resultado da miscigenação de várias etnias.

Brasil: densidade demográfica (2010)

Fonte: Atlas geográfico escolar. 6. ed. Rio de Janeiro: IBGE, 2012. p. 114.

Atividades

1 Observando o mapa acima é possível perceber como está distribuída a população brasileira. Agora, marque um **X** nas afirmações corretas.

a) ☐ A população brasileira é formada por poucas etnias.

b) ☐ Densidade demográfica é o resultado da divisão do total do número de pessoas pela área de determinado local.

c) ☐ População é o conjunto de habitantes de determinado local, que pode ser um país, um estado ou um município.

Geografia 277

d) ☐ A população do planeta é distribuída regularmente.

e) ☐ O Brasil é considerado um país pouco povoado.

f) ☐ A população brasileira é resultado da mistura de diferentes povos e culturas.

g) ☐ A população do Brasil é distribuída de forma desigual.

2 O Brasil tem uma excelente distribuição populacional em seu território. Essa afirmação está correta ou incorreta? Por quê?

_____
_____
_____

3 Observe o gráfico a seguir. Ele representa a quantidade de pessoas na área urbana e a quantidade de pessoas na área rural. Pinte o gráfico e a legenda com base na proporção em que essas duas populações são encontradas no Brasil.

18,6 %
81,4 %

☐ População urbana
☐ População rural

4 Responda às questões a seguir.

a) Qual é o estado brasileiro mais populoso?

_____

b) Qual é o estado brasileiro menos populoso?

_____

c) Em relação à população brasileira, qual é a posição do estado onde você mora?

_____
_____

d) Como chamamos as pessoas que vieram de outros países para trabalhar e morar no Brasil?

_____

e) O que é preciso para viver com qualidade de vida?

_____
_____

f) Qual é sua opinião sobre a qualidade de vida da população brasileira?

_____
_____

Geografia

NOME: _____ DATA: _____

O ser humano: a evolução da espécie

Vamos ler

Quem foi o ancestral direto do homem?

A cada novo fóssil descoberto, a árvore da evolução humana ganha um galho a mais. Resta saber por que só nós sobrevivemos.

Há algumas décadas, a evolução humana costumava ser ilustrada como uma escada – com o *Homo sapiens* figurando no topo, é claro. Após várias descobertas de fósseis desde a década de 1960, a escadinha foi virando uma árvore. "Atualmente, a árvore está tão emaranhada que mais se parece com uma moita", diz o professor Walter Neves, do Laboratório de Evolução Humana da USP.

O problema é que, a cada nova descoberta de fósseis de milhões de anos, os pesquisadores da evolução humana têm que lidar com questões cada vez mais complexas. A primeira delas é tentar definir se o fóssil encontrado faz (ou não) parte da família que resultou no gênero humano. Em 1974, por exemplo, a descoberta do fóssil de Lucy, que andava em pé há mais de 3 bilhões de anos, causou frisson por se tratar do mais antigo bípede encontrado na época. [...]

Rodrigo Cavalcante. Disponível em: <http://super.abril.com.br/historia/quem-foi-o-ancestral-direto-do-homem>. Acesso em: ago. 2015.

Ossada de Lucy.

Atividades

1 Complete as frases usando adequadamente as palavras do quadro.

> adaptação – fósseis – espécie – evolução

a) _____ é o conjunto de indivíduos com características semelhantes que podem se reproduzir entre si e gerar descendentes.

b) Vestígios de seres que viveram há muito tempo e se conservaram a salvo da degradação pelo tempo são chamados de _____.

c) _____ é a capacidade de um ser vivo de sofrer mudanças em seu organismo, possibilitando sua sobrevivência em diversos ambientes.

d) O processo de mudanças ou transformações nos seres vivos ao longo do tempo, dando origem a novas espécies, recebe o nome de _____.

Ciências

2 Sobre os seres humanos e a evolução da espécie, marque um **X** nas afirmações verdadeiras.

a) ☐ A espécie humana pertence ao reino animal.

b) ☐ O que diferencia os seres humanos dos outros animais é a capacidade de raciocinar e organizar a linguagem.

c) ☐ O corpo coberto por muitos pelos é uma característica dos ancestrais dos seres humanos.

d) ☐ Todos os seres humanos são exatamente iguais.

e) ☐ As mudanças ocorridas nos organismos dos ancestrais dos seres humanos possibilitaram adaptações que lhes permitiram a sobrevivência.

f) ☐ A postura ereta (reta, erguida) é uma característica dos antepassados dos seres humanos.

g) ☐ O crânio maior com o cérebro bem desenvolvido é característica do ser humano moderno.

3 Sobre os ancestrais dos seres humanos, responda às questões a seguir.

a) Qual foi o primeiro material utilizado por eles para fabricação de ferramentas?
___

b) Qual era o material utilizado na confecção de roupas para se protegerem do frio?
___

c) De que se alimentavam?
___

d) Como conheceram o fogo?
___
___
___

e) Onde se abrigavam?
___

4 De acordo com o que você estudou, observe a imagem e explique com suas palavras o que esse personagem está fazendo.
___
___
___
___

280 Ciências

NOME: _____ DATA: _____

O corpo humano: composição e organização

A célula é a unidade básica que compõe todo organismo. O corpo humano é formado por inúmeras células de vários tipos, com funções definidas.

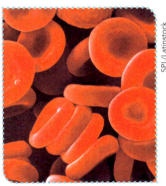
Hemácias.

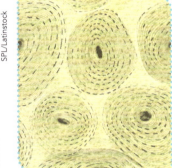
Células ósseas.

Neurônios.

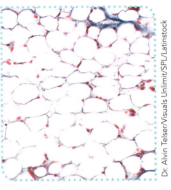
Células adiposas.

Atividades

1. Escreva o nome do aparelho no qual é possível ver a imagem ampliada da maioria de nossas células.

_____

2. Escreva o nome das três partes principais da célula.

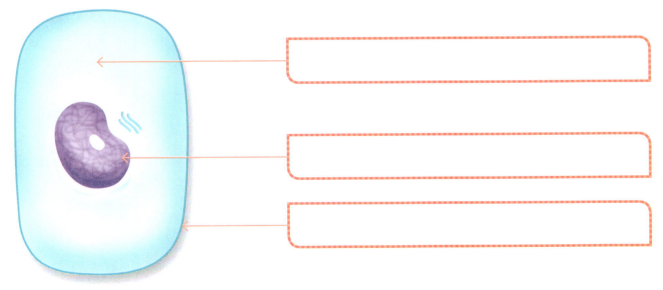

Ciências 281

3 Pinte os quadros de acordo a legenda.

🟧 Envolve e protege a célula, além de selecionar e possibilitar a troca de substâncias entre a célula e o meio em que se encontra.

🟦 Controla as funções da célula e armazena características hereditárias do indivíduo.

🟥 Material gelatinoso onde são encontrados organoides responsáveis pela produção de substâncias como proteínas e energia.

| núcleo | membrana plasmática | citoplasma |

4 Observe as imagens e, usando as palavras do quadro, identifique o tipo de células que representam.

hemácias – neurônios – adiposas – epiteliais

a) Compõem o sangue:

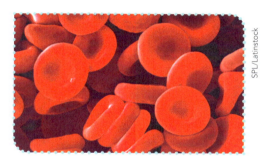

b) Acumulam gordura:

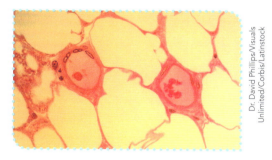

c) Formam o sistema nervoso:

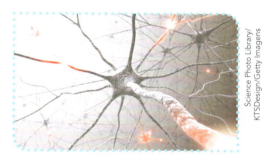

d) Formam a parte externa da pele:

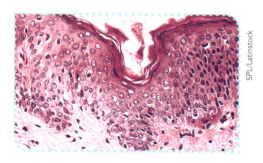

5 Relacione a coluna da esquerda com a coluna da direita.

a) tecidos ●   ● Conjuntos de órgãos que colaboram para a realização de uma função específica no corpo humano.

b) órgãos ●   ● Agrupamentos de células que têm funções semelhantes.

c) sistemas ●   ● São formados por conjuntos de tecidos.

Ciências

NOME: _____ DATA: _____

Os alimentos

Vamos ler

Por que temos de comer?

Existem muitas razões para você não torcer mais o nariz diante de um prato de comida

Tem gente boa de garfo: come de tudo sem reclamar. Mas tem gente que eu vou te contar... Mesmo diante de seu prato favorito, torce o nariz e pergunta: por que tenho de comer? Pois saiba que sem se alimentar ninguém cresce, tampouco tem concentração para estudar ou forças para brincar. E aí, encontrou boas razões para raspar o prato? [...]

Mônica Valle de Carvalho. Disponível em: <http://chc.cienciahoje.uol.com.br/por-que-temos-de-comer/>. Acesso em: ago. 2015.

Atividades

1 Escreva **V** nas afirmações verdadeiras e **F** nas afirmações falsas.

a) ☐ Uma alimentação saudável deve ser rica em frutas, verduras e grãos.

b) ☐ Os alimentos servem para a construção do corpo.

c) ☐ Comer toda hora é alimentar-se bem.

d) ☐ Ingerir vários tipos de alimento é importante para fornecer diferentes nutrientes de que o organismo necessita.

e) ☐ Os alimentos, por serem ricos em vários tipos de nutrientes, são classificados em grupos diferentes.

f) ☐ Todos os alimentos têm os mesmos nutrientes.

g) ☐ Alguns nutrientes são responsáveis pelo crescimento.

h) ☐ Há alimentos com nutrientes que fornecem matéria-prima para que células antigas formem células novas.

i) ☐ Nutrientes fornecem energia ao corpo.

2 Encontre no diagrama o nome dos principais nutrientes dos alimentos.

H	X	V	P	R	O	T	E	Í	N	A	S
S	A	I	S	M	I	N	E	R	A	I	S
O	P	J	A	R	B	U	Q	I	M	R	O
C	A	R	B	O	I	D	R	A	T	O	S
W	Y	T	A	C	B	E	D	G	I	L	N
J	I	O	V	G	O	R	D	U	R	A	S
A	V	I	T	A	M	I	N	A	S	Q	H

3 Agora, complete as frases com o nome dos nutrientes da atividade anterior.

a) Os _____ são os principais fornecedores de energia para o corpo.

b) São as _____ que regulam o funcionamento do organismo.

c) As _____ fornecem matéria-prima para a formação das células.

d) As _____ entram na constituição das células e servem como reserva de energia para o corpo.

e) Os _____ também regulam o funcionamento do organismo e são necessários à formação dos ossos, dos dentes e do sangue.

4 Existem muitos tipos de vitaminas e sais minerais. Classifique de acordo com a legenda os componentes citados.

V – vitaminas   **SM** – sais-minerais

a) ☐ Ferro, cálcio, fósforo; cloreto de sódio (sal de cozinha).

b) ☐ A, complexo B, C e D.

5 Escreva o principal nutriente dos alimentos a seguir.

a)

b)

c)

d)

e)

NOME: _____ DATA: _____

Sistema digestório

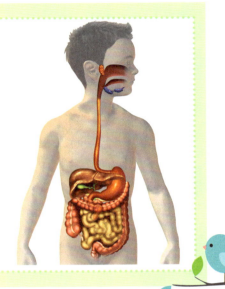

Sistema digestório é o conjunto de órgãos responsáveis pela digestão dos alimentos. Ele é formado pelo tubo digestório e por glândulas anexas.

Atividades

1 Escreva nos devidos locais da imagem o nome dos órgãos que formam o tubo digestório.

intestino delgado – esôfago – boca – estômago – faringe – intestino grosso

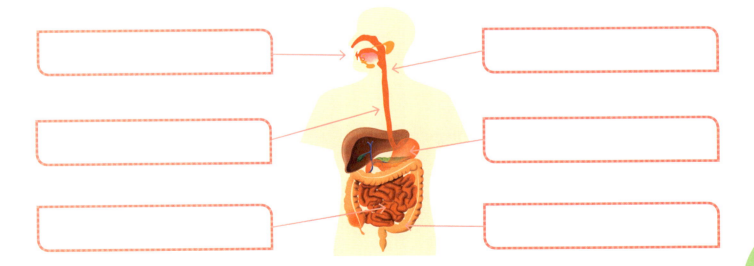

2 Escreva com suas palavras o que é digestão.

_____
_____
_____

Ciências 285

A digestão acontece por etapas nos órgãos do tubo digestório.

3 Numere a 2ª coluna de acordo com a 1ª.

1 boca
2 faringe
3 esôfago
4 estômago
5 intestino delgado
6 intestino grosso

☐ Tubo que conduz o bolo alimentar até o estômago.

☐ Órgão que recebe os alimentos não digeridos e os nutrientes não absorvidos. É responsável por absorver o excesso de água e formar as fezes.

☐ Órgão no qual o alimento é triturado pelos dentes, umedecido pela saliva e movimentado pela língua. Nele o alimento passa a se chamar bolo alimentar.

☐ Órgão que conduz o bolo alimentar até o esôfago.

☐ Órgão com forma de bolsa. Nele o bolo alimentar sofre a ação dos sucos gástricos e é transformado em quimo.

☐ Órgão que recebe o quimo. Também recebe substâncias especiais do fígado, por meio da vesícula biliar, e do pâncreas. Nele as transformações do quimo terminam, passando a receber o nome de quilo, e os nutrientes são absorvidos pelo sangue.

4 De acordo com o que você estudou, complete a frase.
- As glândulas anexas, que são as _____, o _____ e o _____, produzem substâncias importantes para a digestão dos alimentos.

5 Sobre a dentição humana, escreva a quantidade de dentes na:
a) dentição de leite ou provisória; _____
b) dentição permanente. _____

6 Escreva o nome das partes do dente.

NOME: _____ DATA: _____

Sistema respiratório

Sistema respiratório é o conjunto de órgãos que conduz a entrada e a saída do ar no corpo humano. Esse movimento de entrada e saída de ar no organismo recebe o nome de respiração.

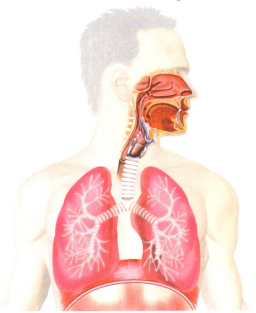

Atividades

1) A respiração acontece em duas etapas, que são dois movimentos respiratórios. Observe as imagens e escreva o nome delas.

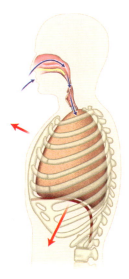   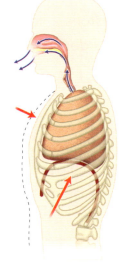

a) _____ é o ato de encher os pulmões de ar.

b) _____ é o ato de expelir o ar dos pulmões.

Ciências 287

2 Numere na ordem em que ocorrem as etapas do processo de respiração.

a) ☐ Nas células, o oxigênio é usado para transformar a glicose em energia.

b) ☐ O gás carbônico é expelido pelas células, levado pelo sangue até os pulmões e, por fim, eliminado do corpo pelo movimento de expiração.

c) ☐ Ao inspirar, o oxigênio entra em nosso organismo pelo nariz, chega aos pulmões e, por fim, ao sangue, que o distribui para as células.

3 Circule a informação correta em cada item.

a) As duas partes do caminho que o ar percorre até chegar ao sangue.
- vias respiratórias
- coração
- pulmões

b) Estão localizadas dentro do nariz, possibilitando a entrada do ar no organismo.
- pelos
- fossas nasais
- bronquíolos

c) Estrutura que controla a passagem do ar e dos alimentos. Ela fecha a laringe quando engolimos alimentos e abre a laringe quando respiramos, para que o ar passe livremente.
- epiglote
- língua
- fossas nasais

d) Localizadas na laringe e responsáveis pela produção dos sons.
- epiglote
- pregas vocais
- brônquios

e) Tubo que auxilia na limpeza do ar e se divide na extremidade inferior formando dois brônquios.
- traqueia
- pulmões
- bronquíolos

f) Órgão onde estão localizados os bronquíolos e os alvéolos.
- faringe
- laringe
- pulmões

g) Estruturas muito finas onde ocorre a passagem do oxigênio do ar para o sangue e do gás carbônico do sangue para o ar.
- alvéolos
- traqueia
- brônquios

h) Órgão que filtra, aquece e umedece o ar quando este é inspirado.
- boca
- nariz
- pulmão

4 Responda às questões a seguir.

a) Qual é a função dos pelos do nariz?

b) Quais são os músculos envolvidos nos movimentos de inspiração e expiração?

c) Onde ficam localizados os pulmões?

NOME: _____ DATA: _____

Sistema cardiovascular

Sistema cardiovascular é o conjunto de órgãos cuja função é transportar e distribuir o sangue para todas as partes do corpo.

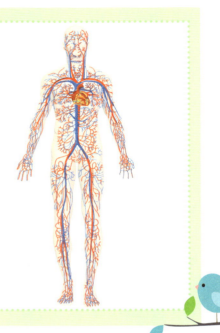

Atividades

1 Quais são os principais órgãos do sistema cardiovascular?

_____

2 Organize as sílabas e encontre o nome do músculo que forma o coração.

O – CÁR – DIO – MI _____

3 Sobre o sangue, pinte os quadrinhos das informações corretas.

a) ☐ O sangue é um líquido viscoso de cor vermelha.

b) ☐ O sangue fica parado.

c) ☐ O sangue tem as funções de: distribuir nutrientes e oxigênio para as células, recolher substâncias que precisam ser eliminadas e atuar na defesa do organismo.

d) ☐ O gás carbônico é recolhido pelo sangue.

e) ☐ É o coração que bombeia o sangue pelo corpo.

4 Circule o melhor significado para o termo **caixa torácica**.

a) Espaço total compreendido pela curvatura da costela, entre o osso esterno e a coluna vertebral.

b) Caixa feita de material plástico normalmente usada para guardar livros.

Ciências 289

5 O coração humano é dividido em quatro câmeras internas. Observe a imagem e escreva o nome delas corretamente.

[ ]   [ ]

[ ]   [ ]

6 Há três tipos de vasos sanguíneos. Ligue cada tipo à função que exerce.

a) artérias ●   ● Vasos muito finos e delicados, que possibilitam a troca de materiais entre o sangue e as células.

b) veias ●   ● Vasos com paredes finas, que levam o sangue das outras partes do corpo para o coração.

c) capilares ●   ● Vasos com paredes grossas, que levam o sangue do coração a outras partes do corpo.

7 A circulação do sangue no corpo acontece de forma organizada. Numere as etapas do processo de circulação do sangue na ordem em que ocorrem.

a) [ ] Na artéria aorta, o sangue é distribuído para as células do corpo pelos capilares.

b) [ ] O sangue rico em gás carbônico é trazido até o lado direito do coração pelas veias cavas.

c) [ ] Então rico em oxigênio, o sangue volta ao coração pelas veias pulmonares.

d) [ ] O sangue passa do átrio direito para o ventrículo direito e é levado até os pulmões, pelas artérias pulmonares, para receber o oxigênio.

e) [ ] Oxigenado, o sangue passa ao átrio esquerdo, de onde vai para o ventrículo esquerdo e segue para a artéria aorta.

8 Leia as frases e escreva a que tipo de circulação sanguínea ela se refere. Use os termos do quadro.

pequena circulação – grande circulação

a) Trajeto que o sangue faz do coração para todas as células do corpo, retornando ao coração.

b) Trajeto que o sangue faz do coração para os pulmões, retornando ao coração.

290 Ciências

NOME: _____ DATA: _____

Sistema urinário

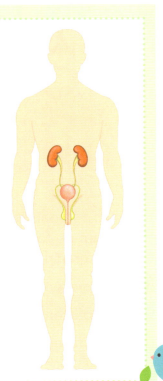

Sistema urinário é o conjunto de órgãos cuja função é produzir e eliminar a urina.
A urina é formada de impurezas, substâncias tóxicas e excesso de água, que precisam ser eliminadas do organismo.

Atividades

1 Circule a informação correta em cada item.

a) O sistema urinário é formado por:
- coração e vasos sanguíneos.
- rins e vias urinárias.
- tubo digestivo e glândulas anexas.

b) Líquido amarelado formado por substâncias tóxicas que foram retiradas do sangue e precisam ser eliminadas do corpo.
- soro
- urina
- sangue

c) Dois órgãos com forma semelhante à de um feijão, localizados no abdome.
- rins
- coração
- pulmões

d) Órgão oco de paredes musculosas, com capacidade de dilatar à medida que enche de urina.
- rins
- bexiga
- coração

e) Tubos que ligam os rins à bexiga.
- veias
- artérias
- ureteres

f) Canal que liga a bexiga ao meio externo.
- veias
- rins
- uretra

Ciências 291

2 Observe a imagem e complete as frases com o nome do órgão correto de acordo com sua função.

É dentro dos _____ que o sangue é filtrado. Esse sangue filtrado retorna para os vasos sanguíneos.

São os _____ que transportam a urina dos rins até a bexiga.

É na _____ que a urina fica armazenada até ser eliminada.

É a _____ que tem a função de eliminar a urina para o meio externo.

3 Estamos estudando os sistemas do corpo humano separadamente, mas sabemos que eles funcionam de forma integrada. Com base em seus conhecimentos sobre os sistemas circulatório e urinário, pinte o esquema a seguir. Observe as setas e siga as cores da legenda.

🟥 Representa a artéria renal, por onde o sangue entra nos rins para ser filtrado.

🟦 Representa a veia renal, por onde o sangue sai dos rins após a filtração.

🟨 Representa os ureteres, por onde a urina é conduzida dos rins até a bexiga.

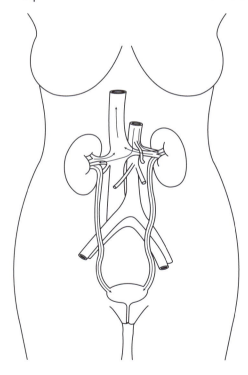

4 Mostre que você entendeu e explique com suas palavras como ocorre o funcionamento do sistema urinário.

_____
_____
_____
_____

NOME: _____ DATA: _____

Sistema locomotor

O **sistema locomotor** envolve a ação conjunta do **sistema esquelético** e do **sistema muscular** sob o comando do sistema nervoso. A função desses sistemas é proporcionar ao corpo humano todos os tipos de movimentos.

Sistema esquelético

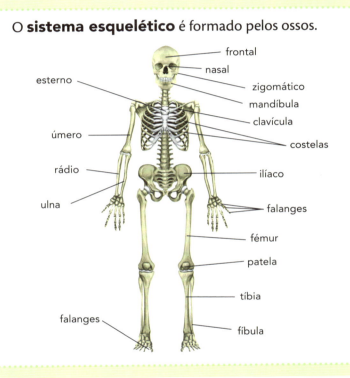

O **sistema esquelético** é formado pelos ossos.

Atividades

1 Como se chama o conjunto de ossos que formam o sistema esquelético?

_____

2 Escreva **C** para certo e **E** para errado nas afirmações a seguir.

a) ☐ O osso é o órgão mais duro do corpo humano.

b) ☐ Os ossos são responsáveis por apoiar os músculos, sustentar o corpo e proteger certos órgãos.

c) ☐ As hemácias são responsáveis pela rigidez dos ossos.

d) ☐ O tecido ósseo contém células diferenciadas, osseína e sais minerais, como o cálcio e o fósforo.

e) ☐ Os sais minerais são responsáveis pela rigidez dos ossos.

Ciências

3 Organize as sílabas e forme o nome do encaixe entre os ossos, que os impede de ficarem soltos no corpo.

LA – TI – AR – CU – ÇÕES

_____

4 Encontre no diagrama o nome de oito ossos do corpo humano.

F	Ç	C	O	S	T	E	L	A	P	X	Y
Ê	É	J	V	É	R	T	E	B	R	A	K
M	Á	C	L	A	V	Í	C	U	L	A	M
U	L	V	H	F	Í	B	U	L	A	N	P
R	Í	L	A	O	Ó	I	R	Á	D	I	O
M	A	O	U	L	N	A	Í	M	C	F	H
M	A	N	D	Í	B	U	L	A	A	S	I

5 Faça a correspondência entre o tipo de articulação e seu exemplo.

a) articulação móvel ●　　　　● entre os ossos do crânio

b) articulação imóvel ●　　　　● entre as vertebras

c) articulação semimóvel ●　　　● entre os ossos dos joelhos e cotovelos

6 Escreva o nome de:

a) um osso longo;

_____

b) um osso chato;

_____

c) um osso curto.

_____

7 De acordo com as setas, indique o nome de alguns ossos que formam o crânio.

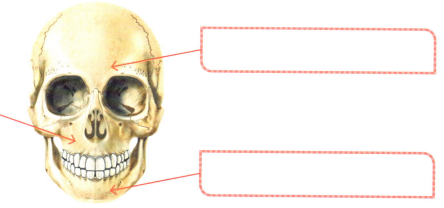

294 Ciências

NOME: _____ DATA: _____

Sistema muscular

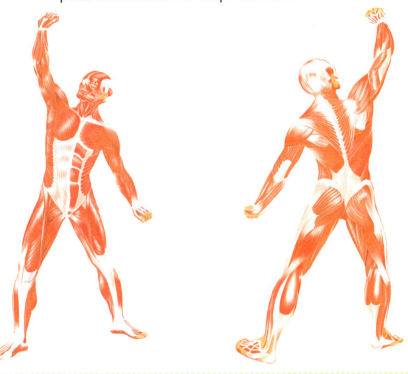

O **sistema muscular** é formado pelo conjunto de músculos de nosso corpo. Os músculos são formados por fibras. Eles e o sistema esquelético são, juntos, responsáveis pelos movimentos do corpo humano.

Atividades

1 Sublinhe a principal característica dos músculos.

   a) Revestem os ossos do esqueleto humano.

   b) Capacidade de distender-se e contrair-se, ou seja, de esticar-se e diminuir de volume.

2 Circule a informação correta em cada item.

   a) Tipos de fibras que formam os músculos.

   ■ estriadas   ■ perfuradas   ■ lisas   ■ empelotadas

   b) Ligam os músculos aos ossos possibilitando os movimentos.

   ■ cordões   ■ tendões   ■ ligações

3 Cada movimento depende de um tipo de músculo. Complete as frases com o nome das fibras musculares de acordo com as características dadas.

   a) Os músculos de fibras _____ se contraem sob nosso comando.

   b) Os músculos de fibras _____ se contraem independentemente de nosso comando.

Ciências

4 Sobre os movimentos dos músculos, classifique as frases de acordo com a legenda.

MV – movimentos voluntários   **MI** – movimentos involuntários

a) ☐ Feitos por músculos que se contraem independentemente de nossa vontade.

b) ☐ Feitos por músculos que se contraem de acordo com nossa vontade.

5 Observe as imagens e escreva **MV** nos exemplos de movimentos voluntários e **MI** nos exemplos de movimentos involuntários.

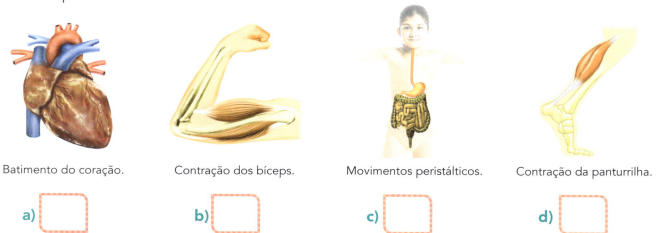

Batimento do coração.   Contração dos bíceps.   Movimentos peristálticos.   Contração da panturrilha.

a) ☐   b) ☐   c) ☐   d) ☐

6 Escreva nas imagens a seguir o nome de alguns músculos que você conhece. Não se esqueça de indicar com uma seta a localização deles.

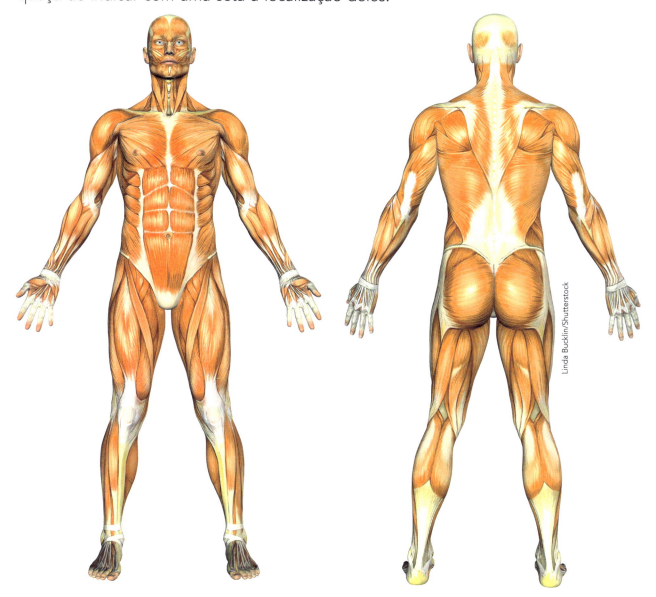

Linda Bucklin/Shutterstock

NOME: _____ DATA: _____

Sistema genital

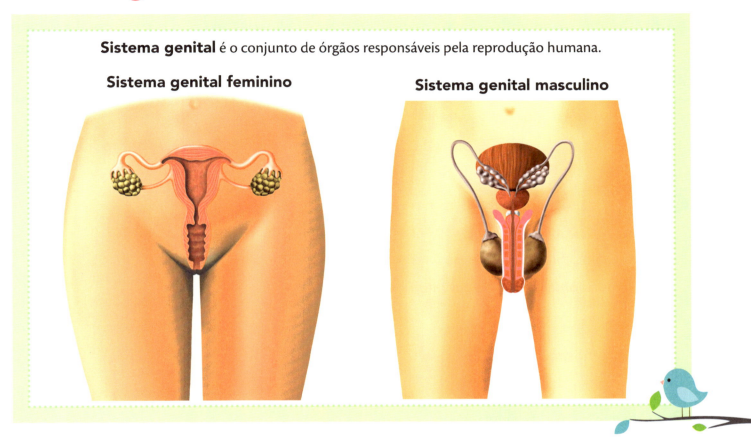

Sistema genital é o conjunto de órgãos responsáveis pela reprodução humana.

Sistema genital feminino

Sistema genital masculino

Atividades

1 Sobre o sistema genital masculino, faça a correspondência entre as colunas.

a) pênis
b) próstata e vesículas seminais
c) canais deferentes
d) uretra
e) testículos

☐ Glândulas responsáveis pela produção de um líquido que fornece energia e proteção aos espermatozoides.

☐ Canal que passa no interior do pênis conduzindo a urina e os espermatozoides.

☐ Responsáveis por conduzir os espermatozoides dos testículos até a uretra.

☐ Glândulas responsáveis por produzir espermatozoides.

☐ Órgão responsável pela eliminação da urina e pela saída do esperma ou sêmen do corpo.

2 Marque um **X** no nome dado à saída do esperma ou sêmen do organismo masculino.

a) ☐ ejaculação   b) ☐ micção   c) ☐ transpiração

Ciências

3 Complete as frases usando adequadamente as palavras do quadro.

> vagina – útero – tubas uterinas – ovários

a) É nas _____ que ocorre a fecundação – união do espermatozoide com o óvulo.

b) As partes externas do sistema genital feminino são ligadas ao útero por um canal muscular chamado _____, que também é o local onde os espermatozoides são depositados e por onde sai a menstruação.

c) É no _____, órgão muscular, que o bebê se desenvolve durante a gestação.

d) Os _____ são as glândulas responsáveis por produzir o óvulo (ou ovócito).

4 Pinte os quadros de acordo com a legenda.

🟥 Hormônio masculino responsável pelas características masculinas.

🟩 Hormônio feminino responsável pelas características femininas.

🟧 Hormônio feminino que atua na gravidez.

| estrogênio | testosterona | progesterona |

5 Escreva o nome da célula sexual:

a) masculina; _____

b) feminina. _____

6 Ao longo da vida, o ser humano passa por algumas etapas. Escreva o nome delas e circule aquela na qual você se encontra.

_____

7 Observe cada imagem e escreva o que ela representa.

a)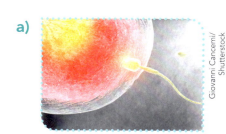

b)

c)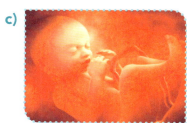

_____ _____ _____

8 Durante a gravidez, qual órgão recebe o oxigênio e os nutrientes da mãe e os conduz até o feto por meio do cordão umbilical?

_____

NOME: _____ DATA: _____

Sistema nervoso

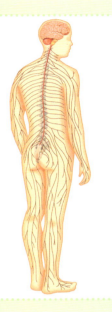

É o **sistema nervoso** que coordena o funcionamento do corpo humano.
O sistema nervoso divide-se em duas partes principais:
o **sistema nervoso central** e o **sistema nervoso periférico**.

Atividades

1 Encontre no diagrama de palavras o nome dos componentes do sistema nervoso central e complete as frases com eles.

E	N	C	É	F	A	L	O	F	V	G	H	A	H
E	D	B	C	D	Á	M	G	T	H	J	N	H	G
M	E	D	U	L	A	E	S	P	I	N	H	A	L
A	U	K	V	J	Ó	M	O	X	W	I	É	A	M
I	C	E	R	E	B	E	L	O	I	T	C	L	O
D	N	E	P	J	W	Y	T	A	B	U	L	B	O
C	É	R	E	B	R	O	Q	D	B	L	W	O	J

a) O _____ localiza-se dentro da caixa craniana e é formado pelo _____, _____ e _____.

b) A _____ é um cordão nervoso, localizado no interior da coluna vertebral, que conduz as mensagens recebidas dos nervos para o cérebro, assim como as respostas do cérebro para os nervos.

2 Faça a correspondência entre os componentes do sistema nervoso central e suas funções.

a) cérebro ●   ● É responsável pelo controle do equilíbrio do corpo.

b) cerebelo ●   ● Controla movimentos respiratórios, cardíacos etc.

c) bulbo ●   ● Transforma as mensagens recebidas pelos órgãos dos sentidos em sensações.

3 Identifique na imagem os componentes do sistema nervoso citados na atividade anterior e escreva o nome deles.

4 Responda às questões a seguir.

a) De que é formado o sistema nervoso periférico?

_____

b) Quanto à localização, como os nervos podem ser classificados?

_____

> Os nervos são responsáveis pela comunicação entre o sistema nervoso central e as diversas partes do corpo.

5 Circule a informação correta em cada item.

a) São responsáveis pela comunicação com o encéfalo.
- nervos cranianos
- nervos raquidianos

b) São responsáveis pela comunicação com a medula espinhal.
- nervos cranianos
- nervos raquidianos

6 Complete as frases com os termos do quadro de acordo com a função de cada tipo de nervo.

> nervos sensitivos – nervos motores – nervos mistos

a) Os _____ têm duas funções, pois apresentam fibras nervosas sensitivas e motoras.

b) Os _____ captam mensagens de todo o corpo e as encaminham ao sistema nervoso central.

c) Os _____ encaminham as mensagens do sistema nervoso central para todas as partes do corpo.

Ciências

NOME: _____ DATA: _____

Os sentidos: visão e audição

Vimos que o sistema nervoso coordena todo o funcionamento de nosso corpo e é o cérebro que transforma em **sensações** as mensagens recebidas pelos órgãos do sentido.

Vamos ler

Tirinha do Menino Maluquinho. Disponível em: <http://meninomaluquinho.educacional.com.br/PaginaTirinha/PaginaAnterior.asp?da=05042015>. Acesso em: ago. 2015.

Atividades

1 Escreva o nome dos sentidos e dos órgãos responsáveis por eles.

_____

_____

2 Identifique na imagem as estruturas relacionadas ao olho humano e escreva o nome delas usando as palavras do quadro.

íris – pupila – pálpebra – cílios – sobrancelha

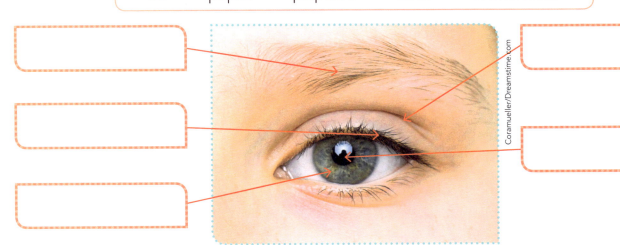

Ciências 301

3 Com base nas características dadas, escreva o nome de algumas estruturas relacionadas ao olho humano.

a) Protegem os olhos de objetos e do excesso de luz: _____.

b) Parte colorida dos olhos: _____.

c) Auxiliam a reter o suor da testa para que não chegue aos olhos: _____.

d) Orifício no centro da íris por onde a luz entra no olho: _____.

e) Estrutura transparente localizada na parte anterior do olho que possibilita a passagem da luz: _____.

f) Fica nas pálpebras e protege os olhos principalmente da poeira: _____.

4 Numere as etapas do processo da visão na ordem em que ocorrem.

a) ☐ O cérebro interpreta e endireita a imagem, possibilitando assim que a pessoa enxergue.

b) ☐ Os olhos captam os estímulos luminosos do ambiente e os levam até a retina.

c) ☐ Na retina se forma uma imagem invertida, que é transmitida ao cérebro pelo nervo óptico.

> A **orelha** é o órgão responsável por captar a grande variedade de sons que nos cerca.

5 Ligue as partes da orelha às suas características.

a) orelha externa ●   ● Em seu interior há o tímpano, membrana que, ao vibrar, transmite essas vibrações aos ossículos, que por sua vez as transmitem à orelha interna.

b) orelha média ●   ● Tem a função de captar os sons do ambiente e conduzi-los até a orelha média.

c) orelha interna ●   ● Transmite o estímulo pelo nervo auditivo até o cérebro, que o transforma em sensação do som.

6 Circule o local onde estão as estruturas a seguir.

a) O pavilhão auditivo e o conduto auditivo.
- orelha externa
- orelha média
- orelha interna

b) Os ossículos martelo, bigorna e estribo.
- orelha interna
- orelha externa
- orelha média

7 Você sabia que, além da audição, a orelha tem outra função? Pesquise qual é e escreva-a a seguir.

_____

_____

Ciências

NOME: _____ DATA: _____

Os sentidos: olfato, gustação e tato

Olfato é o sentido que nos possibilita sentir o cheiro das substâncias do ambiente por meio de estímulos olfativos.

Vamos ler

Mauricio de Sousa. *Magali: O sonho não acabou!* São Paulo: Panini, n. 45, p. 66, 2010.

Atividades

1 Marque com um **X** os órgãos que possibilitaram que as personagens sentissem os estímulos olfativos.

a) ☐ olhos   b) ☐ fossas nasais   c) ☐ orelhas

2 Pinte apenas o quadro das afirmações verdadeiras.

a) ☐ As fossas nasais são cavidades do interior do nariz.

b) ☐ As orelhas são também fossas nasais.

c) ☐ Para sentir o cheiro, é necessário que se produza o estímulo olfativo nas terminações nervosas localizadas na mucosa nasal.

d) ☐ Mucosa é o tecido que reveste as cavidades do corpo humano.

e) ☐ O nervo olfatório conduz os estímulos olfativos ao cérebro, que os interpreta.

f) ☐ O músculo leva os estímulos ao cérebro.

g) ☐ É o coração que interpreta os estímulos recebidos pelas fossas nasais.

Ciências

3. Observe a tirinha e, em seguida, complete a frase.

Mauricio de Sousa. *Almanaque da Magali.* São Paulo: Panini, n. 40, p. 12, 2013.

- _____ é o sentido que nos possibilita distinguir sabores. Seu órgão principal é a língua.

4. Escreva a que tipo de sabor os locais indicados são mais sensíveis.

doce – amargo – azedo – salgado

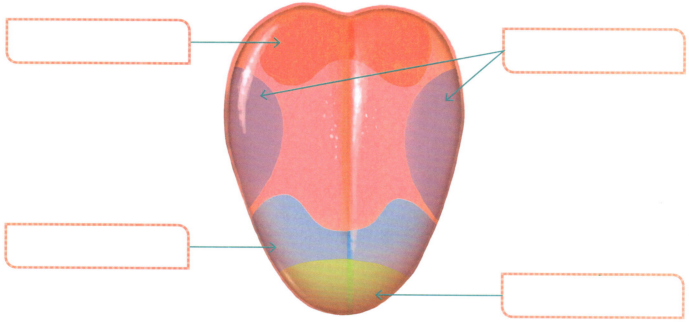

 O órgão responsável pelo **tato** é a pele, o maior órgão do corpo humano.

5. Circule o nome das camadas da pele.
   a) derme
   b) epiderme
   c) acne
   d) pelo

6. De acordo com as características e funções descritas, escreva o nome da camada da pele.
   a) Camada externa da pele, muito fina, cuja função é proteger o corpo contra a perda de água e impedir a entrada de microrganismos. Apresenta orifícios por onde saem os pelos e o suor.

   b) Camada interna da pele, com vasos sanguíneos, terminações nervosas livres e corpúsculos táteis que possibilitam ao corpo perceber a dor, o frio, o calor e a pressão.

Ciências